KB109125

이 책에 쏟아진 찬사

저자는 최적화된 몰입 공부법을 통해 9개월이라는 단기간에 사법고시에 합격했다. 이러한 공부법을 알리고자 시작했던 공부법 유튜브 채널이 많은 호응을 받아 크게 성장했다. 또한 효율적인 학습 기술의 전파를 목적으로 공부법학회를 설립하여 회장으로 활동하고 있다. 이러한 경력이 말해주듯 공부법에 관한 한 대가의 반열에 든 저자가 쓴 이 책은 자신이 목표하는 바에 효과적으로 집중하고 몰입하는 기술을 알려주는 주옥 같은 실용서다.
최근 첨단 과학기술의 발달은 우리 삶을 풍요롭고 편리하게 만들었지만, 한편으로는 내가 해야 할 일에 집중하고 몰입하는 것을 더욱 어렵게 만들었다. 이 문제를 해결하는 것이 현대인들이 해결해야 할 숙제다. 이러한 문제를 해결하기 위하여 이 책은 몰입의 기술을 뇌과학 관점에서 접근했다. 뇌를 나로부터 떼어내 객관화시키고, 뇌를 상대로 마케팅하듯 뇌가 몰입을 선택하도록 유도하는 신선한 전략을 소개한다. 그리고 인지심리학적 관점에서 뇌가 범할 수 있는 오류들을 해석하여 더 나은 몰입으로 나아가고 그것을 유지하는 방법과 그 근거를 체계적으로 제시한다. 이 책은 몰입을 필요로 하지만 몰입에 어려움을 겪는 모든 사람들에게 몰입의 기술을 안내하는 훌륭한 안내서다.

— 황농문 서울대학교 명예교수, 몰입아카데미 대표, 《몰입》 저자

몰입하는 순간, 하는 일이 자신의 전부가 되어 시간은 멈추고 공간은 사라진다. 그래서 몰입은 인간을 온전한 존재로 만든다. 저자가 제시한 몰입의 법칙으로 제시한 '의욕 최대화'는 우리를 목표로 향해 움직이게 해준다. 《몰입의 기술》은 저자 자신이 효과적인 공부법에 대해 오랫동안 고민하고 찾아낸, '몰입'에 대한 가장 구체적인 책이다.

— 박문호 박사, 《박문호 박사의 뇌과학 공부》 저자

무언가를 이루기 위해서는 내 삶의 가치에 부합하는 목표를 정하는 것이 필요하다. 남들이 좋다고 하니까 선택하는 게 아니라 자신의 장단점이 무엇인지, 무엇을 좋아하는지, 이 사회에 어떤 기여를 하고 싶은지에 따라 나만의 깃발을 세워야 한다. 그 다음에는 미래를 그리면서 세운 계획에 따라 하루하루를 살아가면 된다. 생각보다 간단하지 않은 일이라, 많은 사람들이 쉽게 지치고, 정도가 심한 경우는 게으름과 무기력에 빠지기도 한다.

정해진 시간에 효율적인 집중이 가능하다면 오늘 하는 일이 잘될 것이고, 잘되면 재미가 붙어서 자꾸 하게 될 것이며, 익숙해진 그 일에 점점 더 능숙해질 것이다.

저자는 이 책에서 계획만 세우고 나아가지 못하는 사람들을 위해 아낌없이 몰입의 비결을 나눠주고 있다. 부디 가능한 많은 사람들이 오랜 경험과 연구를 바탕으로 한 《몰입의 기술》을 읽고 자신만의 몰입을 경험해 보길 권한다.

— **한창수 고려대학교 정신건강연구소장,** 《무기력이 무기력해지도록》 저자

학교 다녔을 때를 떠올려 보라. 신학기 3~4월 두 달 동안 공부한 학습량과 5월 중간고사를 앞두고 1~2주 공부한 학습량, 어느 쪽이 더 많았는가? 대부분 중간고사를 앞둔 1~2주 공부한 학습량이 많았다고 답할 것이다. 이처럼 우리는 이미 경험을 통해 '몰입의 효과'에 대해 잘 알고 있다. 평상시에도 공부든 일이든 몰입의 효과를 일상화한다면 어떨까? 더 짧은 시간에 학습 효과를 극대화시키고, 더 짧은 시간에 일과 업무에 성과를 낼 수 있다면?

'미친 자는 성공한다'는 말은 내 인생 성공 좌우명인데, '자신에게 주어진 모든 에너지와 시간, 열정을 오직 하나에 집중하면 성공한다'는 의미다. 이런 추상적인 개념을 저자는 수많은 지도 경험과 사례, 심리학·뇌과학 이론을 통해 체계적이고 과학적으로 설명한다. 공부하는 학생이든 성공을 꿈꾸는 모든 청년이든 모두에게 이 책을 추천한다. 성공과 실패는 이 책을 읽기 전과 후로 나뉠 거라 확신한다.

— **전한길** 인생쓴소리(노량진) 일타강사, 《네 인생 우습지 않다》 저자

몰입의 기술

몰입의 기술

무의미한 소음과 자극에 맞서는
강력한 도구

이윤규 지음

The Art of Finding Flow

더퀘스트

몰입과 집중은 의지가 아니라 기술의 문제

'혹시 내가 ADHD는 아닐까?'

이상하게도 아무리 노력해도 집중이 잘되지 않는다. 같은 시간을 자리에 앉아 공부하거나 일을 해도 누군가는 성과를 만들어 내는 반면 나는 그렇지 못하다. 분명 마음을 고쳐먹고 이번에는 지금 하는 일에 몰두하리라 마음먹었음에도, 단 10분도 가만있지 못하고 몇 번씩 엉덩이를 들썩이며 쉴 새 없이 시계를 확인하게 된다. 그런데 내 라이벌은 한 번 자리에 앉으면 일어나는 법을 모른다. 이즈음 다른 사람에 비해 내 집중력이 너무 부족한

게 아닐까 하는 생각이 머리를 스쳐 지나간다.

진지함이나 열정, 노력이 몰입을 좌우하는 가장 중요한 요소라고 생각하는 경우가 많다. 하지만 실상은 이와 다르다. 나도 학창시절 공부하려고 자리에 앉아 아무리 집중하려 노력해도 몇 십 분도 지나지 않아 엉덩이가 들썩이는 나 자신을 집중력이 매우 부족한 사람이라고 생각했었다. 그러나 몰입과 집중을 위한 올바른 방법을 찾고 배운 이후로는 몰입은 의지나 노력, 진지함의 문제가 아닌, 방법과 기술의 문제라는 생각을 갖게 되었다.

비슷한 상황이나 환경에 있고 재능에 큰 차이가 없다면, 성과를 좌우하는 것은 몰입이다. 그리고 그 몰입을 좌우하는 것은 노력이나 의지, 진지함과 같은 마음의 태도가 아니라 바로 올바른 방법이다. 나는 2009년 공부법 유튜브 채널 〈드림스쿨〉을 연 이후 수천 건의 공부 상담을 해왔다. 특히 2019년부터는 개인별 공부법 문제점을 분석하고 솔루션을 제공하는 사이트를 운영하면서 4만 건이 넘는 분석 사례도 축적할 수 있게 되었는데, 상담과 분석의 많은 부분을 차지하는 고민이 '집중력' 내지 '몰입'에 관한 것이었다. 그리고 그 고민들은 모두 집중이나 몰입을 만드는 방법이 무엇인지를 모른다는 점에서 기인한다는 사실을 알게 되었다.

사실 종래 몰입이나 집중력에 대하여 다룬 책이나 콘텐츠는 적지 않았다. 하지만 대다수가 몰입이 무엇이고, 몰입이 왜 필요한지를 중점으로 설명할 뿐, 그 구체적인 방법에 대하여는 침묵하거나 추상적인 설명만을 늘어놓는 경우가 대부분이었다. 이런 것들에 접해도 언제나 '그래서 대체 어떻게 하면 몰입할 수 있는가'라는 질문이 머릿속에 남았다. 그리하여 부족함이 많겠지만 기존의 다양한 연구성과들을 '몰입'이라는 관점에서 재정리하고 체계화하여, 현실적이고 구체적인 몰입의 방법과 기술을 정리하여야겠다는 생각을 하게 되었다. 이것이 《몰입의 기술》을 집필하게 된 이유다.

최고의 몰입 기술을 찾기 위하여

낭비 없는 몰입을 위해서는 여러 가지 조건들이 갖추어져야 한다. 인간의 심리와 행동뿐 아니라 개인을 둘러싼 환경까지 다양한 요소들을 적절하게 조절하고 활용할 수 있어야 한다. 나는 전현직 교수, 교사, 전문의 등으로 구성되어 효율적인 학습 기술을 전파하는 것을 목적으로 설립된 '공부법학회'의 회장으로도 일하고 있다. 학회에서 다루는 '공부법'은 1차적인 공부 기술 primary skills에 한정되는 것은 아니고, 시간 관리나 멘탈 관리, 동기부여, 집중력 관리 등의 2차적인 공부 기술 support skills까지도 포함한다. 즉 몰입 방법도 공부법의 일부를 이루는 것이다. 그러나 구체적인 몰입의 기술을 밝혀내고 정리함에 있어 교육심리학, 그리고 그 근간을 이루는 인지심리학에만 의존하는 것은 균형적이지 않다는 생각을 하게 되었다. 몰입이라는 것이 더 이상 공부에만 한정된 것이 아니라, 현대를 사는 모든 사람들에게 공통적인 고민으로 인식되고 있기 때문이었다.

해결을 위한 방법으로, 심리학을 바탕으로 하되 뇌과학과 통계학 등의 연구까지 범위를 넓혀 몰입과 관련된 것이라면 모두 체계적으로 재정리를 해보고자 마음먹게 되었다. 심리학은 인간 사고의 오류와 그 규칙성에 대해 연구하는 학문이다. 즉 몰입의 관점에서는, 몰입이 실패하게 되는 원인이 사고상의 오류를 제대로 인식하고 제거하지 못한 것에 있는 것이다. 이 책의 전체적인 뼈대는 사고의 오류를 제거하는 방법에 바탕하고 있다. 그리고 이를 토대로 심리학의 연구성과에 '자원 배분의 관점'을 접목시킨 '행동경제학'과 지식과 정보를 받아들이고 처리하는 중추적 역할을 하는 뇌를 연구하는 '뇌과학'를 가능한 범위에서 다루었다. 그리고 사고상 오류에 관해서는 '통계학'에서도 적지 않은 연구가 있어 몰입과 관련된 범위에서는 최대한 다루고자 하였다.

이상의 생각을 바탕으로, 몰입이라는 것은 내 의지나 노력, 진지함과 같은 태도에 따라 주로 좌우되는 것이 아니라, 오히려 그런 의지 같은 것을 따로 의식하지 않아도 자연스럽게 몰입을 위한 바람직한 결정이 이루어지도록 심리적·물리적 구조를 설계하는 것(선택설계)에 달려 있다는 결론에 이르게 되었다. 즉 몰입 과정에 이 '선택설계' 개념을 적용해 의식하지 않아도 저절로 몰입에 이르는 '현실적이고 구체적인' 방법을 도출할 수 있다는 결론에 이르게 된 것이다.

《몰입의 기술》에는 9개월 만에 사법시험을 합격한 내 개인적 몰입 노하우뿐 아니라, 수천 건의 공부 상담과 4만여 건 축적된 분석 사례, 5년간 탐구한 심리학·뇌과학·행동경제학·통계학 등의 이론과 연구를 토대로 누구나 따라 할 수 있고 성과를 낼 수 있는 '몰입 설계법'을 담고자 했다. 특히 나는 책에서 제시하는 방법들이 나를 비롯한 특정 개인만 사용할 수 있는 것은 아닌지, 다른 사람들은 따라 할 수 없는 것은 아닌지를 철저히 검증하는 것에 심혈을 기울였다. 극히 일부에게만 적용되는 사례는 배제하고 일반 이론과 공인된 연구성과들에 기초하여 설명하고자 노력했다.

쉴 새 없이 우리의 몰입을 방해하는, '몰입에 대한 공격'들이 난무하는 환경 속에서 스스로 설정한 목표를 이루고 그 과정에서 온전히 몰입하는 것은 결코 쉬운 일이 아니다. 하지만 몰입이 작동하는 원리와 그 구체적 방법·기술을 알면 누구나 원하는 때에 원하는 만큼 몰입할 수 있다고 확신한다. 부디 이 책이 진정한 몰입에 이루고 각자가 꿈을 이루는 데 조금이나마 도움이 되길 바란다.

2024년 3월

이윤규

차례

들어가며 몰입과 집중은 의지가 아니라 기술의 문제 6
몰입의 기술 전체상 16
이 책 사용법 20

1부
몰입의 원칙

1 몰입의 구성 요소와 3원칙 25
2 몰입에 관한 재이해 29

2부
몰입의 기술

전제 조건 | 의욕 춤추게 하기

1 왜 노력으로 이룬 것만이 정말로 위대한가 37
2 무엇이 의욕을 춤추게 하는가 44
3 ○○에서 멀어지면 마음에서도 멀어진다 48
4 의욕을 작동시키는 과학적 방법 53

1단계 | 무의식을 유혹하는 계획 세우기

1 '뇌의 소비'라는 관점에서 이해하는 몰입 59
2 뇌는 매력적인 것만 구입한다 65
3 뇌를 상대로 마케팅하는 방법 69
4 뇌가 끌리는 계획 만들기 80
5 뇌가 끌리는 '순서'가 따로 있다 88
6 뇌가 좋아하는 것, 뇌가 싫어하는 것 98
7 몰입의 수단을 선택할 때 뇌가 저지르는 실수들 109
8 완벽한 계획을 버려야 하는 이유 123

2단계 | 충동과 불안, 방해 요소 컨트롤하기

1 몰입의 적, 충동 131
2 충동과의 경쟁에서 이기는 법 1 : 원인 제거 방식 139
3 충동과의 경쟁에서 이기는 법 2 : 결과 제거 방식 148
4 몰입의 방해꾼, 불안 152
5 불안이라는 훼방꾼을 떨쳐내는 법 160
6 불안을 역으로 이용하는 방법 184

3단계 | 최적화를 통해 뇌 독점하기

1 하루의 3분의 2, 무의식을 지배하는 법 195

2 결과목표가 아니라 수행목표를 세울 것 200

3 뇌에 외장하드를 꽂을 것 204

4 '데드라인 이펙트'를 이용하라 210

5 음악을 들으며 일과를 시작하는 이유 214

6 할 일 개수를 줄이기만 해도 실행이 쉬워진다 218

7 '어려워만 보이는 것'을 걸러낼 것 223

8 적절한 타이밍에 다른 일로 전환하라 228

9 단위에 맞춰 행동하는 인간의 성향을 이용한다 232

10 멀티태스킹을 멀리하라 236

11 순도 높은 몰입의 순간만을 활용하는 법 240

12 몰입하고 싶다면 타인까지도 활용하라 244

13 몰입에 이르는 선택구조 설계하기 251

3부

더 나은 몰입을 위하여

유지·관리 | 피드백으로 몰입 관리하기

1 정확한 판단을 위해서는 '이것'을 분리해야 한다 263
2 뇌는 두 가지 장면만을 기억한다 267
3 칭찬을 좋아하는 뇌, 꾸중을 싫어하는 뇌 271
4 몰입의 질을 높이고 싶다면 강점에 집중하라 275
5 '이것'이 없으면 몰입하지 못한다 279
6 성취감까지도 조절하라 283
7 피드백 과정에서 주의해야 할 뇌의 오류들 289

종결 한 번은 인생을 걸고 몰입하라 300
주석 305

《몰입의 기술》 전체상

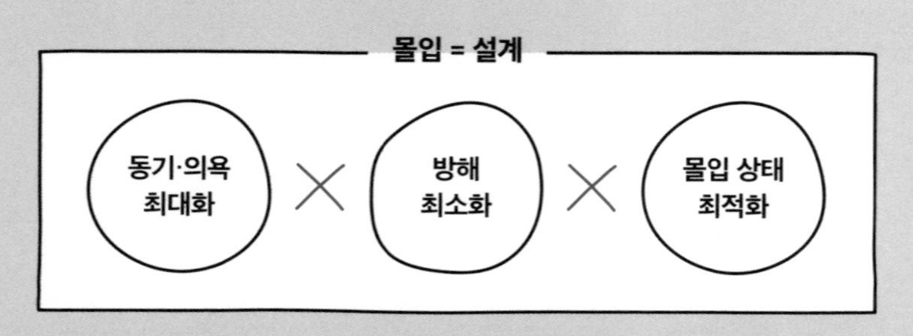
몰입 = 설계
동기·의욕 최대화
방해 최소화
몰입 상태 최적화

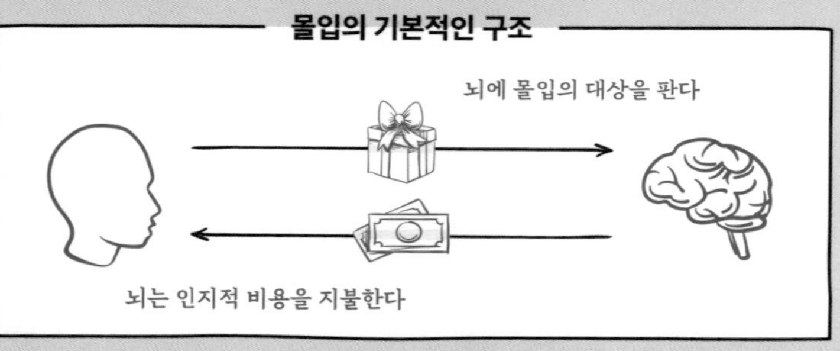
몰입의 기본적인 구조
뇌에 몰입의 대상을 판다
뇌는 인지적 비용을 지불한다

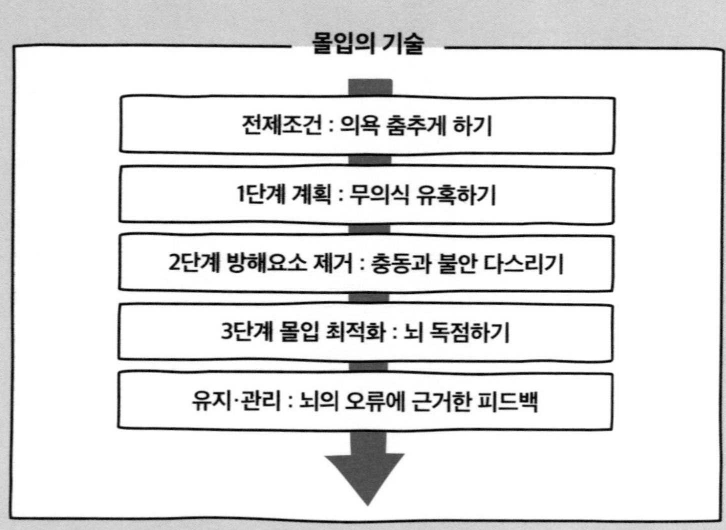
몰입의 기술
전제조건 : 의욕 춤추게 하기
1단계 계획 : 무의식 유혹하기
2단계 방해요소 제거 : 충동과 불안 다스리기
3단계 몰입 최적화 : 뇌 독점하기
유지·관리 : 뇌의 오류에 근거한 피드백

아래 '체크리스트'를 통해 필요한 부분을 먼저 읽는 것이 효과적.

- 공부나 일을 하는 데 도무지 재미를 느끼지 못하는 경우
- 무언가를 할 때 조건이나 보상을 걸지 않으면 몰입이 안 되는 경우
- 목표는 거창한데 막상 하려고 보면 집중이 잘 안 되는 경우
- 어떻게든 책상 앞에는 앉기는 하는데 금세 지치고 자꾸 딴짓하고 싶을 경우

⇨ **전제 조건 | 의욕 춤추게 하기**

- 계획은 잘 세우는 것 같은데 막상 자리에 앉으면 계획대로 안 되는 경우
- 항상 오후나 저녁이 되어서야 정말 해야 할 일을 시작하는 경우
- 새벽에 일찍 일어나 공부나 자기계발을 하는데, 그 효율이 생각만큼 나오는 것 같지 않은 같은 경우
- 완벽하게 계획을 세워서 그대로 지키려고 하는데 한 번이라도 어긋나면 좌절하는 경우
- 자투리 시간이 많아 집중이 잘 안 되는 경우
- 일 또는 공부에 몰두하다가도 어려운 부분이 나오면 졸리고 집중이 깨지는 경우

⇨ **1단계 | 무의식을 유혹하는 계획 세우기**

- 무언가 할라치면 자꾸 잡생각이 드는 경우
- 해야 한다고 생각하고 또 그렇게 하려고 하는데, 그 마음이 오래 가지 않는 경우
- 평소에 실전 상황을 생각하면 떨려고 불안해서 마음이 힘든 경우
- 실전에서 지나치게 긴장해서 결과를 잘 못 내는 경우

⇨ **2단계 | 충동과 불안, 방해 요소 컨트롤하기**

- 하루를 열심히 보낸 것 같은데 기분이 개운하지 않고 부정적으로 생각하게 되는 경우
- 의지는 가득한데 실행은 그에 미치지 못해 자주 좌절하는 경우
- 몰입 중에 나도 모르게 다른 일이나 잡일을 하느라 시간을 허비하는 경우
- 순서대로 책을 보거나 일을 처리하지 않으면 불안하거나 비효율적이라 생각하는 경우
- 어려운 것에 도전하고 싶은 마음은 큰데 막상 하면 잘 안 되는 경우
- 집중이 잘 되다가도 지루함을 느끼는 때가 많은 경우
- 계획한 시간이 지나면 급격히 집중력이 떨어지는 경우
- 여러 가지 일을 동시에 하고 싶은데 잘 되지 않는 경우
- 다른 사람의 존재가 몰입에 방해가 된다고 느끼는 경우
- 매번 몰입에 빠지게 되는 상황이 다르다고 느끼는 경우

⇨ **3단계 | 최적화를 통해 뇌 독점하기**

- 자기합리화를 하는 성격이라 몰입을 잘 못한다고 느끼는 경우
- 부정적인 생각 때문에 무언가를 새롭게 시작하기가 두려운 경우
- '상과 벌' 중 어떤 장치가 나의 몰입에 더 도움이 되는지 판단하기 어려운 경우
- 관리 및 지도를 하기 위해 꾸중을 해야 할지 칭찬을 해야 할지 판단이 잘 안 되는 경우
- 최대한도로 몰입해 수행했다고 생각했는데, 다 끝나고 나니 허탈함과 공허함을 크게 느끼는 경우
- 어떤 일을 다 끝냈다는 느낌이 들면 몰입도가 급락하는 경우
- 자꾸 실패한 느낌이 들고 부정적으로 피드백을 하게 되는 경우

⇨ **유지·관리 | 피드백으로 몰입 관리하기**

이 책 사용법

1. 이 책은 실용서다

이 책은 몰입에 어려움을 겪는 분들을 위해 쓰였다. 따라서 처음부터 끝까지 교양서를 읽듯이 훑어보거나 샅샅이 읽는 것은 이 책에 적합한 독서법이 아니다.

2. '체크리스트'를 먼저 읽어야 한다

말하자면 이 책은 내가 어디가 어떻게 아픈지를 알 수 있게 해주고 그에 대한 처방전을 제공하는 책이므로, 먼저 '체크리스트'를 통해 문제점부터 정확하게 인식하는 게 중요하다. 문제점을 파악한 후에는 해당 솔루션을 먼저 찾아가 읽고 삶에 적용해 보라.

3. 문제점과 시도한 방법 그리고 결과를 기록하라

콜럼버스의 달걀과 마찬가지로 도출된 결론을 보고 머리로 이해하는 것은 쉽다. 그 이해를 바탕으로 나도 해낼 수 있을 것이라고 착각하는 것은 더욱 쉽다. 하지만 유의미한 변화나 진정한 몰입을 이끌어 내기 위해서는 그 이상의 것이 필요하다.

기존의 습관을 타파하고 변화하기 위해서는 나의 문제점과 그에 대한 자체적 솔루션, 그리고 그 성과를 모두 활자화시켜 기록하고, 인내심을 가지고 변화과정을 따라가야 한다.

4. 성공과 실패를 피드백하라

문제점이 해결되었다면, 그다음은 3부를 꼼꼼하게 읽고 나만의 '몰입 루틴'을 설계해야 한다. 몰입은 강한 의지나 노력으로 풀 수 있는 문제가 아니라 자연스럽게 몰입에 이르는 구조 설계가 필요한 문제다.

반면에 문제가 해결되지 않았다면 지식적인 부분이나 실행적인 부분 중 하나에 문제가 있는 것이므로, 다시 해당 부분을 꼼꼼히 읽고 기록을 통해 변화추이를 지켜보고 분석·수정해야 한다.

5. 수시로 들춰 보고 사전처럼 활용하라

사람은 본래 관성대로 돌아가려는 특성을 가지고 있다. 몸이든 마음이든 마찬가지다. 따라서 책을 읽고 몰입의 습관이 형성되었다고 하더라도 시간이 지나거나 우연한 계기로 그러한 습관이 사라지거나 퇴색될 수도 있다.

그런 경우를 피하기 위해 수시로 책을 펼쳐 보며 사전처럼 다양한 상황에 대비할 수 있도록 하는 것이 좋다. 문제가 일어나기 전에 예방하는 것이 더욱 좋은 해결책이기 때문이다.

1부

몰입의 원칙

1 몰입의 구성 요소와 3원칙

몰입과 집중, 둘 다 '하나에 힘을 쏟아붓고 있음'을 뜻해 많은 경우 혼용할 때가 많다. 앞으로 전개할 내용을 좀 더 명확히 이야기해나가기 위해 몰입과 집중을 정의하고자 한다.

몰입Flow의 사전적 개념은 '어떤 일에 깊이 파고들거나 빠지는 것'을 의미한다. 반면에 집중Focus은 '한 곳을 중심으로 하여 모이거나 모으는 것'을 뜻이다. 이 책의 관심사와 관련짓는다면 집중은 정신을 한군데로 '모은다'는 의미가 될 것이다. 명사가 아니라 동사(행위)에 해당하는 개념이다.

반면 몰입은 자연스럽게 무언가로 '빠져들었다'는 어감을 가진다. 집중과 달리 상태적이고 결과적인 개념이다.

'일에 집중해'와 '일에 몰입해' 중 어느 쪽이 더 자연스러운가? 만약 당신이 의식적인 행위를 내포해 말하고자 한다면 '일에 집중해'가, 지속적인 상태를 주문하고자 한다면 '일에 몰입해'가 더 맞을 것이다.

어떤 일에 집중하려고 노력해서 그 결과로 몰입에 이를 수도 있고, 어떤 일에 집중하려고 노력하진 않았지만 하다 보니 몰입하게 된 경우도 있다. 우리가 어떤 일을 할 때 중간중간 다양한 선택의 순간을 경험한다. 그 선택의 순간마다 수행 능력을 높이는 방향으로 결정할 때 몰입에 잘 이를 수 있다. 이를 '선택설계'라 한다. 이 선택설계는 초반에는 의식적으로 노력해야 하지만 반복되면 어느 순간 무의식적으로 자연스럽게 이루어진다. 집중과 몰입 모두 원활한 목표 수행을 위한 필요한 조건으로, '하나에 힘을 쏟아 붓음'을 의미하지만 이 책에서는 집중보다 몰입을 더 넓은 개념으로 보았다.

<table>
<tr><th>행위</th><th>결과</th></tr>
<tr><td>집중을 하였다. 그 결과,</td><td rowspan="2">몰입에 빠졌다</td></tr>
<tr><td>집중을 하지 않았지만 자연스럽게</td></tr>
</table>

몰입의 구성 요소

몰입沒入의 한자어를 풀어보면, 무언가에 매몰(沒)될 정도로 빠져든 것(入)을 의미한다. 빠져듦의 주체는 '나 자신', 대상은 '내가 하고 싶은 일'이 될 것이다. 하기 싫은 일에 몰입하기는 어렵기 때문이다.

무언가를 하고 싶다는 마음은 의욕, 그런 마음을 불러일으키는 것은 동기다. 몰입의 구성 요소 중 하나에는 무언가를 하고 싶어 하는 마음, 즉 의욕이 포함된다. 그런데 무언가를 하고 싶다는 의욕만 있다면, 그 무언가에 완전히 매몰되듯이 푹 빠져들 수 있을까? 아니다. 그러기 위해서는 방해 거리가 없어야 한다. 따라서 몰입의 두 번째 요소는 바로 '방해'다. 결국 몰입은 의욕을 높이고, 방해를 없애야 달성할 수 있다. 한편 한 번 몰입에 이르렀다고 하더라도 그 '상태'를 유지하고 몰입의 정도를 높이는 것은 또 다른 문제다. 즉 몰입의 세 번째 요소는 '상태의 유지 및 고취'다.

몰입의 3원칙

몰입을 위해서는 세 가지 원칙이 충족되어야 한다.

첫째는 '의욕 최대화 원칙'이다. 몰입은 하고 싶은 일에 빠져든 상태이기에 어떤 일을 하고 싶다는 마음이 크면 클수록 좋다.

둘째는 '방해 최소화 원칙'이다. 몰입을 위해서는 어떤 방해도 없어야 하기 때문에 의욕을 떨어뜨리거나 몰입 상태를 저해시키는 모든 요소를 차단하거나 통제해야 한다. 몰입을 하는 그 상황 속에서 할 수 있는 만큼은 방해 요소를 최소화시킨다.

셋째는 '몰입 최적화 원칙'이다. 한 번 몰입 상태에 이르렀다면 관련된 조건과 환경을 지속적으로 통제하고 피드백함으로써 몰입 상태를 유지할 뿐 아니라, 그 정도를 더 높여야 한다. 이를 통해 상황에 맞는 최적의 몰입 상태를 이끌어 낼 수 있다.

★ **집중은 '한곳을 중심으로 모은다'는 행위, 몰입은 '깊이 파고들거나 빠진다'는 상태를 의미한다. 이 책에서는 몰입을 집중보다 넓은 개념으로 본다.**

★ **깨지지 않는 몰입의 조건 = 의욕 최대화 + 방해 최소화 + 몰입 상태 최적화**

2 몰입에 관한 재이해

물이 되는 것 vs 물길을 파는 것

몰입이나 집중을 다룬 책들을 보면 의지를 강조한다. 어떤 상황 속에서 의지로 집중 또는 몰입을 할 수 있다는 것이다. 그런데 과연 의지만으로 몰입을 이룰 수 있을까?

의지를 물이라 가정해 보자. 물을 평판에 흘려보내면 어떻게 될까? 내가 원하는 방향대로 물이 흘러갈까? 아니다. 평판에 물을 흘리면 물은 한곳으로 모이지 않고 흩어져버린다. 그렇다면 원하는 곳으로 물이 흘러가게 하려면 어떻게 해야 할까? 평판을 깎거나 평판에 홈을 파야 내가 원하는 방향대로 물이 흘러간다.

몰입은 마치 물처럼 쉽게 흩어지는 의지를 한 점으로 모으기 위해 노력하는 것이 아니라, 물길을 파는 작업과 같다. 몰입을 위해서는 의지 그 자체를 컨트롤할 필요가 없고, 그 의지가 잘 흘러가도록 물길을 잘 파야 한다.

비유적인 표현이었지만, 몰입은 순간순간 좋은 선택들이 모여 이루어지는 결과다. 언제, 무엇을, 어떻게 할지를 연속적으로 결정하는 가운데, 질 좋은 결정들이 모여 몰입이라는 이상적인 상태를 이루는 것이다.

몰입은 최고도의 집중이 이루어지고 있는 상태인데, 그 상태에 이르기까지 수많은 좋은 선택들이 누적되어야 한다. 좋은 선택을 누적시키는 최고의 방법은 노력과 행동을 계속 의식적으로 하는 게 아니라 나도 모르게, 즉 비의식적으로 노력과 행동을 계속하도록 상황과 환경을 조정하는 것이다.

자원의 배분이라는 관점에서의 재이해

이번에는 행동경제학의 관점에서 '몰입'을 살펴보겠다. 이를 통해 효율적인 몰입을 위한 중요한 인사이트를 얻을 수 있다.

행동경제학의 주된 관심사 중 하나가 자원의 배분이다. '자원 배분' 개념을 몰입에 적용해 보면, 몰입은 한 사람이 가진 집중력이라는 자원을 어떤 일에, 어떤 식으로 배분할지의 문제로 바꿔 이해할 수 있다. 나아가 몰입이라는 것을 한 가지 일에 그 사람이 가진 집중력 등 모든 자원이 총투입된 상태로 이해할 수도 있다.

이러한 이해는 몰입에 대한 새로운 시각을 제공한다. 바로 몰입이 '뇌로부터 자원을 받는 일'이라는 시각이다. 이렇게 보면, 몰입은 뇌를 상대로 한 장사라고 생각할 수 있고, 몰입 방법론을 구축하기 위해 심리학뿐 아니라 마케팅 이론도 적용할 수 있다.

앞으로 나는 몰입을 다음 3단계로 나눠 설명할 것이다. 뇌를 상대로 마케팅하는 1단계, 경쟁자를 제거하고 경쟁 우위에 서는 2단계, 집중력의 지속/유지 상태를 최적화하는 3단계로 말이다. 더 질 높은 몰입을 위해, 뇌에 판매할 상품을 만들기 위한 준비와 뇌를 상대로 한 장사 결과를 검토하는 사후 관리에 대해서도 빠짐없이 다룰 예정이다.

★ **준비 몰입을 뇌를 상대로 하는 장사라고 생각하고 팔 물건을 만들 재료 찾기**

1단계 뇌를 상대로 마케팅하기

2단계 방해 요소를 제거하고 경쟁에서 승리하기

3단계 몰입을 최적화하기

피드백·관리 마케팅 성적표를 받아 검토하기

2부

몰입의 기술

의욕
춤추게 하기

1 왜 노력으로 이룬 것만이 정말로 위대한가

타고난 것이 운명을 결정한다고 믿는 본능

행동경제학은 사람의 사고 구조가 두 개로 나누어져 있다고 전제한다. 하나는 빠르고 직관적인 사고이고, 다른 하나는 느리지만 논리적인 사고다. 빠르고 직관적인 사고에서 꼭 기억해 두어야 할 게 있다. 바로 '운명 본능The Destiny Instinct'이다.[1] 이는 사람의 인생은 타고난 특성을 따르게 되어 있고, 앞으로도 변하지 않으며, 이는 한 국가의 시스템이나 문화, 종교에 대해서도 마찬가지라는 잘못된 인식을 말한다.

뒤에서 자세히 다시 보겠지만, 사람들에게는 현재 상태를 그대로 유지하려는 습성이 있는데, 이를 현상 유지 편향Status Quo Bias이라고 한다. '학습된 무기력HelplessnessLearned'이라는 개념도 있다. 이는 피할 수 없거나 자신의 힘으로 이겨낼 수 없는 부정적 상황에 계속하여 노출됨으로써 자신의 노력으로 현 상황을 바꿀 수 없다고 여겨 무기력해지는 것을 말한다.

운명 본능이 한 번 정해진 운명은 바뀌지 않는다는 것이므로, 이것이 개인에게 강하게 적용되는 경우에, 해당 개인은 그 운명에 안주하거나 좌절하여 변화를 이끌지 못하게 된다. 운명이라는 것이 정말 존재한다고 믿고 변화를 포기하거나 피하는 것이다. 이 실제적인 내용은 현상 유지 편향과 학습된 무기력의 결합에 가까운데, 때문에 나는 운명 본능이 현상 유지 편향과 학습된 무기력을 근거로 한다고 이해한다.

하지만 타고난 특성이 내 남은 모든 인생을 결정한다는 시각에는 동의하기가 어렵다. 운명이 바뀌는지 바뀌지 않는지, 애초에 그러한 운명이라는 것이 존재하는지는 아무도 알 수 없다. 현실적으로 검증이 불가능한 명제는 함부로 참이나 거짓으로 판단할 수 없기 때문이다.[2]

특히 동기부여 면에서 치명적이다. 타고난 자질이 좋은 사람은 무슨 일을 해도 난이도가 높지 않아 큰 의욕을 느끼거나 보상 회로Reward Circuit를 작동시키기 어려울 것이고, 타고난 자질이 별로인 사람은 어떤 노력을 하더라도 내 인생이 바뀌지 않을 거라고 생각해 학습된 무기력에 빠질 수 있기 때문이다. 이런 잘못된 인식은 몰입의 재료라고 할 수 있는 의욕 자체를 소멸시켜 버린다.[3]

할 수 있다고 믿는 것이 실력이다

이번에는 비슷한 맥락에서 어떤 일을 수행하는 데 필요한 재주와 능력, '재능'을 살펴보자. 당신은 재능이 고정되어 있고 변하지 않는다고 생각하는가(재능고정론)? 개발을 통해 변한다고 보는가(재능변동론)? 이것 역시 의욕과 관련이 있다. 이 견해의 차이는 '재능을 어느 범주까지 정의하고 있는지'에서 비롯될 것이다. 재능의 범주를 타고난 유전적 능력으로 좁게 본다면 재능고정론일 것이고, 유전적 능력과 후천적 노력을 발휘해 얻은 결과로 본다면 재능변동론일 것이다(어느 쪽 견해를 견지하든 사람들 대부분은 부모로부터 물려받은 지능 등의 유전 영역은 변할 수 없다는 사실을 알고 있다). 다시 말하면 재능고정론은 아무리 노력해도 유전적 능력 이상의 재능을 발휘되지 않는다는(고정된다) 믿음이고, 재능변동론은 유전적 능력 외 다른 부분을 개발하면 재능을 변화시킬 수 있다는 믿음이다.

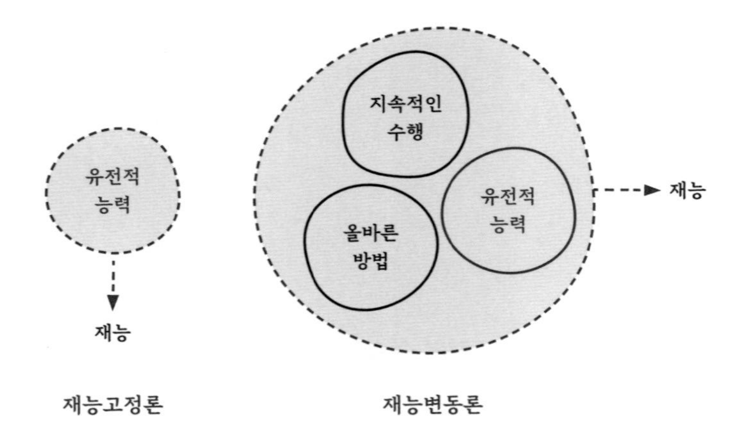

서두가 길었지만, 이 논의를 통해 말하고 싶은 것은 긍정과 부정 중 어떤 관점을 택할 것인가, 시야를 좁힐 것인가 넓힐 것인가에 따라 삶의 방향이 달라질 수 있다는 점이다. 어떤 능력을 타고났든 상관없이 주어진 상황 속에서 '내가 바꿀 수 있다'고 믿으면 의욕과 노력, 수행 강도가 높아진다. 이것은 다시 성공적인 몰입으로 이어진다. 반대로 노력해도 바꿀 수 없다고 믿으면 의욕과 노력, 수행 강도가 떨어진다. 결국 몰입의 실패로 이어지는 것이다.

지구를 탈출할 정도의 노력

나는 노력으로 이룬 것만이 그 사람의 역사를 증명할 수 있는 진정한 가치가 있는 것이라고 생각한다. 재능을 만드는 다양한 요소 중 유일하게 변동 가능성이 있는 것이기 때문이다. 타고난 유전적 능력이 어떤 성과에 압도적인 영향을 미치는 것은 부인할 수 없지만, 타고난 능력도 노력이 뒷받침되지 않으면 충분히 발휘되고 지속되지 않는 일이 많기에 나는 노력이 타고난 능력보다 값지다고 본다. 누구나 자신이 정성 쏟은 것에 큰 가치를 부여하지 않는가.

그러니 값진 나의 노력의 가치를 믿고 재능고정론이나 운명본능과 같은 늪에서 벗어나 '나도 할 수 있다'는 마인드를 장착하자. 그런 마인드만이 뇌를 움직이게 한다.

그렇다면 어느 정도의 노력을 해야 할까? 나는 '지구를 탈출할 정도의 노력'이라 답하고 싶다. 내가 굉장히 좋아하는 말인데, 이는 아무리 노력해도 사람의 힘으로는 지구를 탈출할 수 없겠지만, 비장한 마음으로 자신의 모든 에너지를 쏟아 불가능한 일도 가능케 할 정도의 간절함이 서렸을 때, 그것을 진짜 노력이라고 부를 수 있다는 의미다.

노력 만능주의와 성공 포르노를 경계하라

이상의 말들을 노력으로 모든 것을 이룰 수 있다는 '노력 만능주의'로 오해하지는 않기를 바란다.

마이클 샌델은《공정하다는 착각》이라는 책에서 노력하면 무엇이든 이룰 수 있다는 식의 '노력의 신화'에 대하여 신랄하게 비판한 바 있다.[4] 애초에 노력이 결과로 이어지는 시스템이 존재하거나 작동하고 있는지에 대한 의문을 주된 논거로 삼았다. 나는 그 생각에 일부 공감한다. 노력한다고 뭐든 이루어진다면 누군들 원하는 것을 하지 않고 살아가고 있겠는가? 다만 이와 같이 생각하는 이유는 우리 사회의 불공정성이나 시스템의 문제보다는, (이 책에서 다루는 몰입과 관련하여서는) 앞서 설명한 대로 노력이라는 것은 결과를 만드는 여러 요소 중 하나에 불과하기 때문이다. 최대한으로 노력하더라도 자신이 통제하거나 바꿀 수 없는 요소로 결과가 일어나지 않을 가능성은 언제나 존재한다. 오히려 현대 사회에서는 무언가를 시도하고 지구 탈출의 노력을 기울인 후에 결과가 나올 것 같지 않다면 재빠르게 후퇴해서 다른 할 일을 찾는 것도 굉장히 중요하고 기민한 실력이라고 생각한다.

요즘은 마치 큰 노력 없이도 영상이나 교육 등의 내용을 그대로 따라 하면, 먼저 성공한 사람들처럼 같은 성공을 거머쥘 수 있을 것이라는 암묵적 메시지를 전달하는 콘텐츠도 많이 있다. 누군가는 이것을 '성공 포르노'라고 부르던데, 콘텐츠에 현실성이 결여되어 있다는 측면에서 나는 이 용어법에 어느 정도 동의한다. 이런 콘텐츠에 빠질 경우, 자신의 생각과 달리 성과가 빠르게 나오지 않으면 심각한 무기력이나 회의에 빠질 수 있다. 이런 상태에서 무언가에 의욕을 가지고 몰입하기란 불가능에 가깝다.

'노력하면 뭐든 이루어진다'와 '내가 할 수 있는 최대치로 노력해야 한다'는 같은 뜻이 아니다. 노력한다고 해서 다 내 마음대로 되는 것은 아니다. 그렇기에 우리는 더 많은 노력을 해야 한다. 그조차도 하지 않으면 재능이나 운과 같은 요소들의 작용으로 고배를 마실 수밖에 없다. 또한 우리가 노력을 해야 하는 또 다른 이유는 재능과 운이라는 변동 불가능한 요소를 제외하면 노력을 다듬는 것밖에는 할 수 있는 것이 없기 때문이다. 이렇게 보면 진정으로 우리 삶을 바꿔 주고 빛내주는 것은 바로 우리가 쏟는 노력 뿐이다.

- ★ **선천적 재능보다 후천적 개발을 통해 얻은 재능이 더 큰 힘을 발휘한다.**
- ★ **바꿀 수 없는 것은 신경도 쓰지 말 것.**
- ★ **'지구 탈출의 노력'으로 최선을 다할 것.**
- ★ **방법과 노력을 최대치까지 끌어올렸으나 실패했다면, 즉각 다른 방향을 모색할 것.**

2

무엇이 의욕을 춤추게 하는가

무언가가 하고 싶어지는 두 가지 이유

노력을 이끌어내는 것은 바로 의욕이고, 의욕을 불러일으키는 원동력은 동기다(앞으로 주로 동기라고 칭하겠지만, 의욕으로 바꾸어 읽어도 문제없다). 동기는 크게 내발적 동기와 외발적 동기, 두 가지로 나눌 수 있다.

'내발적 동기'는 마음속으로부터 우러나오는 동기다. 무언가를 한다는 그 자체에 대해 즐거움을 느끼고 만족할 때 내발적 동기가 있다고 말한다. 한 번이라도 시간 가는 줄 모르고 무언가에 몰두해 본 경험이 있다면 내발적 동기를 느껴본 적이 있는 것이다.

'외발적 동기'는 외부 원인으로부터 동기가 발생했다는 의미다. 학창 시절에 부모님으로부터 '열심히 공부하면 원하는 걸 사주겠다'는 말을 들어본 경험이 있을 것이다. 이때 내 마음을 움직이게 한 부모님의 말씀이 외발적 동기에 해당한다.

한편 동기를 목적적 동기와 수단적 동기로 나누기도 한다. '목적적 동기'는 어떤 행위를 하는 것 그 자체가 목적이 되는 상황을 말한다. '수단적 동기'는 어떤 행위를 하는 목적이 다른 상위의 목적을 위한 것일 때 사용한다. 예를 들어 '엄마에게 원하는 것을 받기 위해 공부를 한다'라고 하면, 이때 공부는 원하는 것을 받기 위한 수단으로 사용되었다. 공부하는 행위는 수단적 동기의 작용을 받은 것이다. 반면 '나는 수학 공부가 즐거워서 두 시간 동안 수학 공부를 했다'라고 한다면 수학 공부의 목적은 즐거움이고, 즐거움은 그 공부 자체가 가져다주는 것으로 목적적 동기의 작용을 받았다고 한다.

상황에 따라 마음을 움직이는 법이 다르다

어떤 수행에 몰입하기 위해서는 외발적 동기가 아닌 내발적 동기가 필요하다. 진심으로 우러나오는 즐거움 없이는 뭔가에 푹 빠져들기가 어렵다. 예를 들어 앞서 든 예시처럼 수학 공부가 즐겁다고 하는 경우가 바로 이에 해당하는데, 예시를 언제나 이렇게 바람직한 것으로 생각할 필요는 없다. 게임에 빠지는 것 역시 즐거움의 발로라는 점에서는 마찬가지로 내발적 동기에 의한 몰입에 해당한다.

앞서도 언급했지만 내발적 동기를 찾기 위해서는 무언가에 몰두해서 즐거움을 느꼈던 경험이 있는지를 떠올려 봐야 한다. 그리고 그 상황을 구체적인 글로 써보며 어떤 상황에서 내가 몰입을 했고, 어떤 상황이나 조건 속에서 즐거움을 느꼈는지 자체적으로 분석할 수 있어야 한다.

가장 쉬운 방법이 스스로 즐거움을 느꼈던 일과 그 이유를 생각나는 대로 모두 적어보는 것이다. 그리고 그 즐거움의 정도를 1~10까지 숫자로 표시해 보자. '만화책을 본 게 너무 즐거웠다. 시험을 앞두고 계속 공부해야 했는데, 거기서 벗어나 즐거움을 느낄 수 있었기 때문이다'와 같이 말이다. 그다음 나열한 이유들 중 비슷한 것끼리 묶어 본다. 그러면 내가 어떤 조건이나 상황 속에서 즐거움을 느끼고 몰입하는지 알 수 있게 된다. '시험을 앞두고' 또는 '마감일이 다 되니' 등과 같은 이유는 특정 상황적 요인이, '게임에서 이기면 좋다' 또는 '운동을 하면 칭찬받는다'와 같은 이유는 보상이나 감정적 요인이 유효했음을 알 수 있게 된다.

그러나 현실적으로 어떤 일을 할 때 언제나 내발적 동기만 작동하기는 대단히 어렵다. 이럴 때는 외발적 동기로 시작해서, 점차 내발적 동기로 바꿔가는 과정이 필요하다.

그렇다면 외발적 동기는 그다지 쓸모가 없을까? 아니다. 외발적 동기는 대부분 수단적 동기와 같은 위치에 놓여 목표를 달성하는 데 도움을 준다. 다만 목표가 달성되면 동기가 떨어진다는 점을 유의해야 한다. 또한 외발적·수단적 동기에 익숙해지면 점차 그 행위로 인해 요구하는 것의 역치가 올라가게 되어 동기부여가 어려워질 수 있다는 점도 기억해 두어야 한다. 이를 언더마이닝 효과Undermining Effect라고 한다.[5]

또한 외발적 동기는 공장에서 너트를 조이거나, 문서 취합, 오자 검열 같은 보다 단순한 작업을 할 때 도움이 된다. 이 경우에 즐거움(내발적 동기)을 찾기란 매우 어렵다.

★ **과거에 했던 일 중에 즐거웠던 일과 그 이유를 모두 적어 보고, 즐거움의 정도(10점 만점)를 점수로 매기며 '나의 내재적 동기는 이떤 상황에서 비롯되는지' 확인할 것.**

3

○○에서 멀어지면 마음에서도 멀어진다

이상적인 목표일수록 다가서기 어렵다

목표는 '거리감'에 따라 마음을 끌어당기는 정도가 달라진다. 일반적으로 사람은 먼 미래의 목표보다 가까운 미래 목표에 훨씬 더 끌린다.[6]

예를 들어 1년 뒤에 있을 시험을 준비하는 수험생이 있다고 하자. 만약 이 수험생이 '1년 뒤 시험 합격'을 유일한 목표로 삼고 공부하고 있다면, 실제 합격까지 '1년'보다 더 긴 시간이 걸릴 것이다. 목표까지 이 정도의 시간적 거리가 남아 있으면 아무리 좋은 보상이 주어져도 큰 매력을 느끼지 못하기 때문이다.

또한 먼 미래의 목표는 현재 심리 상태나 주변 상황, 환경에 영향을 받지 않는다. 다시 말해 '1년 뒤 시험 합격'이라는 목표는 '오늘 당장 쉬고 싶다'는 마음에 크게 영향받지 않는다는 것이다(오늘 쉬고 싶다는 마음이 시험을 포기하게 만들지 않는다).

먼 미래의 목표(1년 뒤 시험 합격)를 달성하기 위한 가까운 미래의 목표, 즉 오늘 해야 할 일, 공부 등과 같은 목표는 다르다. 보상이 즉각적으로 체감된다. 현재 나의 심리 상태나 주변 상황에도 영향을 바로 받는다. 지금 쉬고 싶다는 마음이 오늘의 독서 분량, 공부 및 강의 분량에 영향을 미쳐 자리에서 일어나게 만들지 않은가.

원대한 목표를 현실로 끌어당기는 프로세스 시뮬레이션

'1년 반 뒤에 어떤 자격이나 직업을 갖는다'와 같은 목표는 매우 단순하고 아름다운 목표다. 그러나 현실감이 굉장히 떨어지기 때문에 잘 끌리지 않는다. 이를 현실로 당겨오는 기술이 '프로세스 시뮬레이션Process-Stimulation'이다. 먼 미래까지의 목표가 어떤 계획 속에서 실현이 되는지를 구체적으로 그려 보는 방법이다. 이는 마치 하얀 도화지에 찍혀 있는 출발점과 목적지를 선으로 잇는 것과 같다.

'언젠가 시험에 합격하겠지. 변호사가 될 거야'라는 생각은 추상적이어서 마음에 와닿지 않는다. 즐거운 상상이긴 하지만 오늘 내가 할 일을 연상할 수 있게 도와주진 않는다. 즉, 실제적으로 마음에 와닿지는 않다는 것이다. 그러나 '○○까지 시험 준비를 끝내고, ○○를 해서 ○○를 한 후에 변호사가 되어야지'처럼 어떤 과정을 통해 꿈이 실현되고, 어느 정도로 이루어질 수 있는지 목표를 구체화하면 마음이 당긴다.

시험을 준비하는 사람들은 마치 여행 가는 사람들처럼 합격수기나 인터뷰 같은 것을 많이 참조하는데, 이는 공부법을 배우기 위한 목적도 있겠지만, 프로세스 시뮬레이션을 통해 동기부여를 받고자 하는 목적도 있다. 요컨대 앞으로 나의 '몰입 여정'에 어떤 길이 예정되어 있고, 현재 내가 어느 정도의 과정을 거치고 있는지를 알아야만, 그에 합당한 성취감과 즐거움도 느낄 수 있는 것이다.

목표를 달성시켜주는 슬로우 씽킹

몇 달 뒤 또는 몇 년 뒤, 멀리 있는 목표가 아니라 오늘 당장

해야 하는 일에 해당하는 가까운 목표는 '먼 목표'와는 달리 구체적인 상황에 따라 그 매력의 정도가 달라진다. 예를 들어 시험에 합격하기 위해 '오늘 30쪽 분량의 국어 공부'가 꼭 필요한 상황이라고 하면 시험합격이 '먼 목표'가 되고, 오늘의 국어 공부가 '가까운 목표'가 된다. 시험합격이라는 목표는 오늘 부모님께 열심히 하지 않는다고 혼이 났든, 스터디원과 말다툼을 했든, 모의고사 점수가 좋지 않든, 당장의 상황에 크게 영향을 받지 않는다. 시험합격이라는 목표는 여전히 유지된다.

그러나 '오늘의 국어 공부'라는 가까운 목표는 앞에서 언급한 사건들이 발생했을 때 종종 '친구와 만나기', '오늘 하루는 휴식하기' 등으로 대체된다. 구체적인 상황, 그 일을 해야 하는 맥락context에 따라 의욕과 실행 여부 등이 달라지는 것이다.

이를 타파하기 위한 가장 좋은 방법은 논리적인 사고방식Reflective System에 따라 천천히 왜 이 일을 해야 하는지를 따지는 것이다. 구체적인 상황을 머릿속에 그려 보고 그에 대한 득실得失을 생각하면서 비이성적이고 충동적인 결정 또는 행동을 자제하는 것이다. 바로 찬찬히 느리게 생각하는 것, 즉 '슬로우 씽킹Slow Thinking'이다.[7]

특히 이때, 종이에 쓰면서 생각을 정리하면 크게 도움이 된다. '오늘 기분이 좋지 않은데, 공부/일하지 말고 놀까?'라는 생각이 들 때, 종이를 한 장 꺼내 이처럼 행동했을 때 발생할 불이익을 차근차근 적으면, 쓰는 속도에 맞춰 사고 속도를 늦출 수 있다. 이렇게 활자화된 자신의 고민과 득실을 눈으로 확인하면서 이성을 깨울 수 있다.

★ **먼 목표는 프로세스 시뮬레이션을 통해 구체화할 것.**

★ **가까운 목표 달성을 방해하는 상황이 생겼을 때는 종이에 적어 문제를 활자화하면서 득실을 따질 것.**

4 의욕을 작동시키는 과학적 방법

보상 회로를 작동시키는 의욕 워밍업

심리학자 존 엣킨슨John William Atkinson의 '성취동기 이론Achievement Motivation Theory'에 따르면 의욕이나 동기부여의 정도는 일의 난이도와 상관관계가 있다고 한다.[8] 일의 난이도가 의욕에 매우 큰 영향을 미친다는 의미다. 특히 난이도가 너무 낮거나 너무 높은 경우에는 동기부여가 잘되지 않는다.

별다른 준비가 없는 상태에서 새로운 일을 시작하기란 여간 쉽지 않다. 이때는 의욕을 워밍업 시켜주고, 뇌에 있는 보상 회로Reward Circuit가 작동할 수 있게 해줘야 한다. 보상 회로는 뇌의 작동 회로 중 하나로 반복적으로 어떤 일을 할 수 있도록 동기를 부여한다.

의욕을 워밍업 하기 위해서는 쉬운 일부터 하는 게 좋다. 그 일에 대한 저항감을 느끼지 않게 하는 것이 무엇보다도 중요하기 때문이다. 그리고 더 쉽고 빠른 완수를 가능하게 한다. 일을 완료하면 성취감과 같은 보상을 느끼는데, 이때 뇌에서 보상 회로가 작동하기 시작한다. 이것이 선순환되어 내발적 동기부여의 구조를 만든다.

나는 어려운 문제부터 해결하려는 학생, 방대한 공부 자료를 한꺼번에 정리한 뒤 학습을 시작하겠다는 학생들이 막상 실행 단계에 가서 손도 대지 못하는 경우를 자주 봤다. 이는 실행 단계에서의 난이도를 고려하지 않았기 때문이다. 특히 사람은 일의 양으로 난이도를 체감하고, 스트레스도 크게 느끼는데, 이 점을 고려하지 못한 것이다.

뇌는 즐거움에 반응한다

사람들 대부분은 해야 하는 일과 하고 싶은 일 중, 해야 하는 일이 우선이라는 사회적·규범적 요청에 사로잡힌다. 이를 '사회

적 소망성 편향Social Desirability Bias'이라고 한다.[9]

하지만 언제나 해야 할 일을 먼저 해야 하는 법은 없다. 때로는 해야 할 일보다 하고 싶은 일을 먼저 할 수도 있다. 해야 하는 일을 하다가 하고 싶은 일을 해도 된다. 유연하게 전환하는 태도가 필요하다. 이때 중요한 것은 실질적으로 무언가를 했다는 감각이다. 뇌는 즐거움에 반응한다. 다른 사람들이 만든 규범이나 고정관념에 지나치게 얽매일 필요는 없다. 현재 내가 할 수 있는 일에 집중하는 태도가 제일 중요하다.

★ **의욕이 없을 때는 쉽고 간단한 것부터 '먼저' 처리하면서 의욕을 워밍업 시킬 것.**

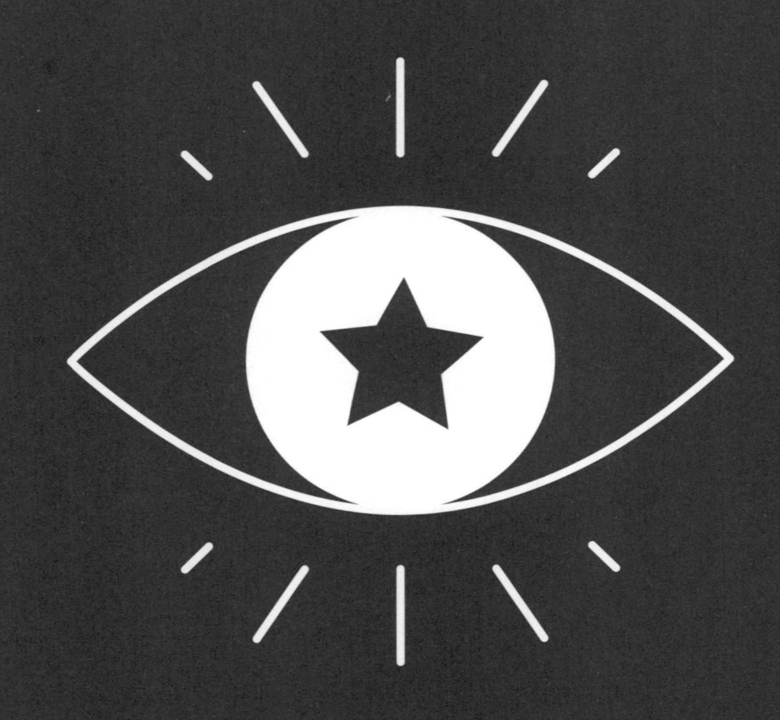

1단계

무의식을 유혹하는 계획 세우기

1

'뇌의 소비'라는 관점에서 이해하는 몰입

뇌가 이성적이고 합리적일 것이라는 착각

노벨상은 이따금 엉뚱한 사람에게 수상을 하곤 한다. 팝가수인 밥 딜런이 노벨문학상을 수상한 것이 그 예이다. 이런 독특한 선정 방식에는 다른 영역에서의 선례가 있다. 2002년에 단 한 번도 경제학 강의를 들은 적이 없던 심리학자인 대니얼 카너먼Daniel Kahneman이 노벨경제학상을 받은 것이다. 경제학 연구의 주된 관심사는 효율적인 자원 배분 방식인데, 대니얼 카너먼은 사람의 뇌도 자원을 배분하고, 그 배분 방식이 기존 경제학의 전제와는 달리 매우 비합리적이고 직관적인 방향으로 이루어진다는 점을 밝혀냈다. 그 이전까지의 경제학은 사람은 언제나 합리적으로 사고하도록 설계되었다고 전제했는데, 카너먼은 그것이 타당하지 않다고 한 것이다. 사람의 뇌에는 합리적인 사고방식뿐 아니라 어림짐작으로 빠르게 판단하고 결정하는 사고방식도 존재하므로, 사람이 언제나 합리적으로 사고하지 않음을 설파했다.

그는 빠르고 직관적인 사고방식을 '직관적 사고방식', 이성적으로 천천히 사고하는 방식을 '심사숙고적 사고방식'이라고 불렀다. 이에서 착안하여 발간된 책이 《생각에 관한 생각》이다(원서명은 '빠른 사고와 느린 사고Thinking, fast and slow'이다. 이 책은 그에게 노벨경제학상이라는 선물을 안겨 주었다). 행동경제학에 관한 또 다른 책 《클루지》와 《넛지》에서 말하는 '어림짐작'이 바로 직관적이고 본능적인 사고를 말한다.

자원 배분이라는 관점에서 보면 몰입은 뇌가 특정한 일에 자신이 가진 모든 자원(시간, 에너지 등)을 쏟고 있는 상태를 말한다. 그런데 대니얼 카너먼에 따르면 뇌가 자원을 배분할 때 늘 합리적이고 이성적으로 이뤄지지 않고, 직관적이고 본능적, 어림짐작으로 이뤄진다고 한다. 이는 왜 우리가 때때로 몰입에 실패하는지를 시사한다.

이러한 실패는 우리가 생존을 위해 발전시켜온 알고리즘(직관적이고 빠른 사고)과 현재 상황이 서로 조화되지 않기 때문에 발생한다. 호모 사피엔스가 처음으로 출연한 52만 년 전부터 현재에 이르기까지 우리는 조상들로부터 생존과 번식에 유리한 유전자를 물려받았는데, 그 대부분이 52만 년이라는 길고도 긴 기간 동안 형성된 것이다. 우리가 사는 현대의 생활 환경은 1760년의 산업혁명 때 그 토대가 만들어진 것으로 300년이 채 되지 않는 짧은 기간에 만들어졌다. '52만 년'과 '300년', 두 기간을 비교하면 99.9퍼센트 대 0.1퍼센트 정도의 비율이다. 비유적으로 말하면 999년 동안 유지한 습관을 1년 만에 바꿀 수는 없는 것이다.

선택을 합리화하는 본능

어떤 일에 모든 시간과 에너지를 쏟은 후에 후회한 경험이 있지 않은가? 외국 여행을 가는 경우를 생각해 보자. 여행지 선택을 시작으로 숙박을 비롯한 들를 만한 장소를 찾아야 하고, 그곳에서 얼마나 머물고 이동할지 등등 수많은 것들을 체크해야 한다. 모든 상황과 조건들을 하나하나 비교하고 분석해서 꼼꼼하게 알아보는 사람도 있겠지만, 대부분 시간이 부족하다는 이유로 '끌리는 것'을 선택한 후에 '역시 이걸 선택하길 잘했지'라며 자기합리화를 한다. 그런데 막상 여행을 다녀와서는 왜 그때 더 알아보지 않았는지, 왜 충동적으로 선택했는지 후회한 적이 있지 않는가?

모든 상황을 분석하고 고려하는 합리적인 의사결정은 적지 않은 노력과 시간이 든다. 그러나 지구의 역사 속에서 오랜 세월 사람은 포식자가 아닌 피식자로서 살아왔다. 나무 뒤로 비치는 어두운 그림자가 내 가족의 그림자인지, 맹수의 그림자인지를 하나하나 확인하고 따지다가는 맹수에게 잡아 먹힐지도 모르는 위험 속에 사는 피식자였다. 그러한 위험이 우리로 하여금 부정확하지만 빠르게 판단하는 DNA를 세포 속에 각인시켰다. 사람은 무엇이 자기에게 더 이득일지를 판단할 때, 그 근거를 빠르고 쉽게 선택하며 생존해 온 것이다. 이것이 바로 '자기합리화'다. 우리는 자기합리화를 부정적으로 여기지만, 이는 인간이 가진 본능 중 하나다. 본능에 따른 삶이 언제나 바람직하지 않다 할 수는 없다. 사람은 오랜 세월을 거쳐 오며 생존에 유리한 알고리즘을 선대로부터 물려받아 왔는데, 그것이 본능의 형태로 표출되는 경우도 있기 때문이다.

인간의 뇌는 자꾸만 빠른 판단과 본능에 끌려간다. 그러나 몰입 설계에서는 이런 선택이 합리적인 것인지를 따져봐야 한다. 그 일에만 모든 시간과 에너지를 쏟는 것이 타당한지를 반드시 심사숙고하며 되돌아봐야 하는 것이다.

몰입에는 비용이 든다

몰입은 뇌가 특정한 일에 시간과 에너지를 쏟는 것이다. 이처럼 뇌가 어떠한 일을 할 때 들이는 비용을 심리학에서는 '인지적 비용'이라고 한다. 인지에는 다양한 의미가 있지만, 여기서는 사고 활동이라고 생각해도 좋다. 즉 인지적 비용이란 '사고 활동을 함에 있어 드는 수고나 노력'을 의미하는데, 이것이 몰입을 위해 들여야 하는 비용이다.

쉬운 예를 들어보자. 현대 사회에서는 유튜브를 비롯한 '공짜'매체와 콘텐츠가 존재한다. 우리가 이것들을 소비하거나 이용하는 데 어떤 비용도 들지 않는다. 카카오톡과 같은 메신저나 인스타그램 DM, 페이스북 메신저와 같은 대화 프로그램에도 사용료를 지불하지 않는다. 그러나 이 경우에도 이를 이용하거나 소비하기 위해서는 일정한 에너지가 든다. 아무리 재미있는 숏츠라도 스마트폰을 쥐고 영상을 볼 에너지 자체가 없다면 어떤 느낌도 받을 수 없다. 즉 금전적 비용이 들지 않을 뿐이지 인지적 비용은 드는 것이다.

잠시 다른 이야기를 하였지만, 여기서 말하고자 하는 바는 무언가에 몰입한다는 것은 뇌가 인지적 비용을 소비해 특정한 일을 구입하는 것으로 이해할 수 있다는 점이다.

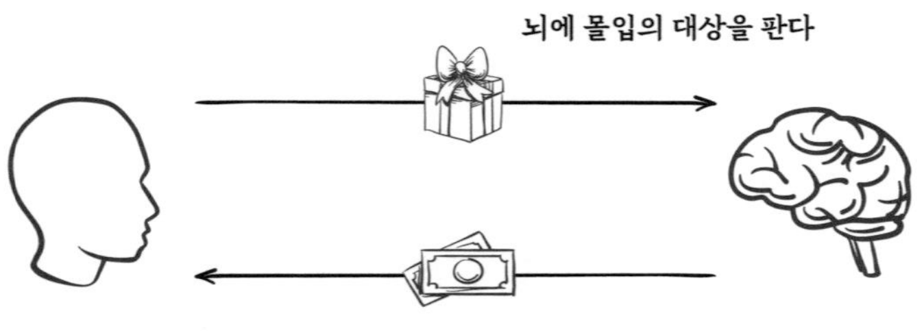

뇌가 특정한 일에만 그 에너지를 소비하는 것을 몰입이라고 이해한다면, 다음처럼 생각해 볼 수 있다. 바로 몰입이란 뇌를 대상으로 물건을 파는 행위라고 말이다. 즉, 몰입에 있어서 뇌는 고객이 되는 것이다. 그렇다면 때로 본능적이고 직관적이며, 가끔 이성적이고 합리적인 뇌라는 제멋대로인 고객에게 무엇을 팔아야 할까? 이 질문에 대한 답을 얻기 위해서는 무엇보다도 시장조사 즉, 뇌가 무엇을 좋아하는지, 무엇에 끌리는지를 먼저 알아보아야 한다.

- ★ **사람은 '직관적 사고'와 '논리적 사고'를 번갈아가며 쓰는데, 직관적 사고에 따른 판단이 결과적으로 몰입에 도움이 되는지 면밀히 검토할 것.**
- ★ **무언가에 몰입하고 있다는 것은 뇌가 모든 인지적 비용을 써서 오직 한 가지 일만을 하기로 결정한 것이라는 점을 기억할 것.**

2 뇌는 매력적인 것만 구입한다

누구든 끌리는 것에 비용을 지불한다

물건을 구매할 때 사람들은 여러 가지를 고려한다. 가격, 실용성, 외관, 내구성 등 그중 어느 한 요소가 대단히 매력적으로 느끼면 사람들은 그 상품을 구입한다. 누구든 자기가 끌리는 것에 기꺼이 비용을 쓴다.

이는 뇌의 소비에도 그대로 적용된다. 뇌 역시 끌리지 않는 것은 소비하려 하지 않고(몰입하지 않는다), 끌리는 일은 옆에서 누가 뜯어말려도 과감하게 소비한다(몰입한다). 친구들과 게임하며 밤을 새우는 일은 어렵지 않은데, 공부하며 밤새는 일은 잘되지 않는다. 종일 일하고 돌아와 무언가를 하기에 더없이 지친 상태임에도 미뤄둔 드라마를 정주행하는 일은 어렵지 않다. 일을 시작하기로 하고 책상에 앉았는데, 도무지 '시작해지지'가 않아서 의미 없이 유튜브나 인스타그램을 기웃거리며 시간을 보낸다.

이처럼 뇌는 매력적으로 느끼지 않는 일에는 놀라울 정도로 자신의 에너지를 내어주지 않는다. 매혹적으로 느끼는 일에는 어떤 우려나 위험이 있더라도 자신의 에너지를 과감하게 투입한다.

몰입 = 뇌를 상대로 하는 마케팅

마케팅은 판매를 위해 상품·서비스 기획, 가격 결정, 구매 촉진, 유통까지 포함하는 일련의 계획과 실행 과정이다. 어떤 상품이나 서비스를 소비자에게 매력적으로 보이게 하는 작업을 마케팅이라고 할 수 있다. 이를 몰입에 적용해 보자.

뇌가 인지적 비용을 들여 특정한 하나의 일만 선택해 하는 것이 몰입이라면, 몰입의 첫 번째 목표인 뇌를 상대로 한 마케팅의 첫 관문은, 뇌가 끌릴 만한 매력적인 일을 계획하는 것이다.

여기서 주의해야 할 점이 있다. 바로 '나는 ○○하는 것을 싫어한다', '내 성향상 ○○은 잘 못한다', '나는 MBTI가 ○라서 ○○은 맞지 않는다'라며 본인 성향이나 특성을 방패 삼아 앞으로의 수행을 섣불리 재단하지 않는 것이다. 우리는 목표 달성을 원하고, 이를 위해서는 그간 끌리지 않거나 잘되지 않았던 일에도 몰입해야 한다. '뇌를 상대로 한 마케팅'은 어떤 일이든 가리지 않고 몰입하기 위한 전략이다.

그런데 위와 같이 말하는 것은 뇌를 상대로 상품을 선보이기도 전에, '이 상품은 당신에게는 맞지 않을 거예요', '이 상품은 당신이 싫어하는 거예요'라고 말하는 것과 같다. 시작하기도 전에 실패를 선언한 것이다. 많은 사람이 의식하지 못하고 저렇게 자주 말을 하는데, 자신의 가능성과 수행능력을 한정하고 부정하는 주문이라는 걸 기억하자.

계획 실행이 어려웠던 이유

하루 계획을 세울 때를 생각해 보자.

오늘 해야 할 일들을 정리하고 시간순으로 나열하고 나면 왠지 이대로 잘 실행할 수 있을 것만 같다. 내가 바라는 이상적인 하루를 보낼 수 있을 것 같다. 하지만 막상 실행하려고 보면 생각만큼 제시간 안에 원하는 완성도로 수행하지 못할 때가 많다. 이는 뇌라는 고객 입장에서 어떤 일(상품)이 매력적일지 고려하지 않고 계획했기 때문이다.

★ **몰입은 뇌를 상대로 하는 마케팅. 몰입 계획 속에는 뇌가 매력적으로 느낄 만한 포인트가 있어야 함.**

3

뇌를 상대로 마케팅하는 방법

타임머신을 탈 수 있다면

뇌를 상대로 한 마케팅에서 성공하기 위해 뇌가 혹할 만한 계획을 어떻게 세워야 할까? 나는 검증된 마케팅 전략을 적극적으로 벤치마킹하는 것이 중요하고, 특히 내가 달성하고자 하는 목표를 먼저 이룬 사람이 있다면 그 사람을 벤치마킹하는 것이 인지적 자원과 시간의 낭비를 막아준다고 생각한다.

혹시 영화 〈백 투 더 퓨처〉를 아는가? 이 영화는 타임머신을 주제로 한 영화다. 〈백 투 더 퓨처〉에는 악당이 주인공의 타임머신을 훔쳐 타고 과거로 돌아가 과거의 자신에게 수십 년간의 스포츠 경기의 결과를 기록한 잡지를 전해 주어 과거의 자신이 모든 성패 맞추기 도박에 성공해 억만장자가 되는 이야기가 나온다.

어릴 적 나는 이 영화를 보고 '성공하려면 타임머신을 타면 되는구나!'라는 깨달음을 얻었다. 현재의 과학기술의 수준에서 본다면 '몽상적'인 이야기이지만, 역사는 나선형으로 발전하고 이것이 개인사에 있어서도 마찬가지라고 생각한다면, 누군가의 성공한 '과거'가 나의 '미래'가 될 수도 있다고 생각했다. 즉 훌륭한 성과를 거둔 롤모델을 찾는 것이 바로 타임머신을 타는 것이라고 생각하게 된 것이다.

리버스 플래닝

성공한 사람들이 세운 계획들은 뉴스나 인터뷰, 영상 등을 통해 널리 알려져 있다. 과거에는 그들의 '비법'에 접근하기 위해서는 엄청난 비용과 시간이 소모되었지만 현재는 그렇지 않다. 지금은 원하는 거의 모든 정보에 언제든 어디서든 접근할 수 있다. 그 정보를 어떻게 활용할 수 있는지, 그 진짜 가치를 알아보는 눈을 가지고 있는지가 이제는 훨씬 더 중요하다.

성공한 사람들의 성취와 그 역사는 '과거의 것'이지만 우리 '미래'를 만들어가는 데 있어 결정적인 '기존지既存知'에 해당한다. 기존지란 이미 널리 알려져 일반적 지식으로 받아들여지고 있는 것을 의미한다. 아이디어를 만들어 내는 가장 효율적인 방법이 바로 기존지와 기존지를 조합하는 것이다. 흔히 혁신적인 아이디어는 무에서 유를 만드는 과정에서 탄생한다고 생각하지만, 유에서 유를 만드는 과정에서도 탄생한다. 마치 새로운 기획 아이디어가 필요하거나 효과적인 마케팅 전략을 강구할 때 이미 성공한 사례를 참고하는 것처럼 말이다. 더구나 성취를 이룬 사람들, 그들 각자의 역사는 비슷한 패턴과 흐름을 가진다.

이런 점들을 미루어 볼 때 몰입을 위한 계획법은 맨땅에 헤딩하듯 세우기보다는 성취한 이들의 역사, 즉 기존지를 수집하고 분석해 내게 맞게 바꾸는 과정을 통해 하는 것이 바람직하다. 앞으로 이 방법을 소개하려고 한다. 무언가를 성취하고 성공한 이들의 역사(과거)를 수집하고 이를 분해해, 내 미래를 계획한다는 점에서, 나는 이 방식을 '리버스 플래닝Reverse Planning'이라고 부른다.

리버스 플래닝을 위한 네 단계

'동물'이라는 단어만 아는 사람은 동물원에 다녀와서 '동물원에는 다양한 동물이 있다'고 말할 것이다. '동물'뿐 아니라 '사자', '호랑이' 같은 구체적 단어를 아는 사람은 '동물원에는 사자와 호랑이, 그 외 많은 동물이 있다'고 표현할 것이다. 생각과 배움의 속도와 깊이는 활용 가능한 도구가 많을 때 더 유리하다. 이는 심상한 차이가 아니다. 달리 말하자면, 다른 사람들보다 더 자세히 볼 수 있는 돋보기나 현미경을 가진 사람은 다른 사람들은 보고 느낄 수 없는 것을 나의 경험과 지식으로 만들 수 있다.[1]

더 정교한 리버스 플래닝을 위한 네 가지 단계를 소개한다.

1. 분석 대상 선정

리버스 플래닝의 첫 번째는 분석 대상, 롤모델을 선정하는 것이다. 뇌는 무엇이 자신에게 유용하고 도움이 되는지 오랜 시간과 에너지를 들여 따져보지 않고 바로 결정하는 성향을 가지고 있다. 심적으로 친밀함을 느낀다는 이유만으로 가까운 사람의 노하우를 모방하는 경우가 바로 그렇다. 그러나 내가 추구하는 분야와 무관하거나, 심지어 호감 가지 않는 사람이라 해도 크게 배울 점이 있다면 분석 대상에 포함해야 한다. 그리고 이때는 여러 명을 참고하기보다는 한 명 정도만 분석 대상으로 삼기를 추천한다. 철저하게 롤모델의 입장에서 사고할 수 있는 수준까지 분석하려면 매우 큰 인지적 비용이 들기 때문이다. 롤모델이 많을수록 성공적인 수행을 위한 방법론을 찾는 데 많은 시간과 에너지가 필요하다.

2. 자료 수집

롤모델을 한 명 정했다면, 이제 그 모델이 지금에 이르기까지 행한 구체적인 전략과 방법을 수집해야 한다. 우선은 가능한 많은 정보를 수집하라. 그다음 그것을 재배열하라.

만약 롤모델이 쓴 책이 있다면 책을 위주로 살펴보길 권한다. 여러 자료 중 가장 큰 가치를 갖는 것이 책이기 때문이다. 책은 특정 주제에 대해 그 어떤 매체보다 상세하고 체계적으로 정리해 놓은 것으로 누군가의 생각을 최저 비용으로 훔칠 수 있다. 합격 또는 성공 수기 등이 이에 해당한다. 다만 책은 어느 정도 격식을 갖춰 표현하기 때문에, 롤모델의 더 솔직한 생각이 듣고 싶을 때는 저자 인터뷰 등을 찾아 보는 것이 낫다. 그 외 강연이나 모임 등도 참고할 수 있다.

자료를 모두 모았다면, 그것을 활자화한다. 한글, 워드, PPT, 수기 등 뭐든 좋다. 나만의 '위키피디아'를 만든다는 생각으로 해보라. 이와 같은 작업은 만만치 않은 시간이 소요되고 목표를 위한 수행 전과정에서 계속 이뤄져야 하는 일이기에, 한 번 하고 끝내는 것이 아니라 모은 자료들을 모두 꼼꼼하게 스크랩하고 정리하는 것이 장기적으로 바람직하다.

자료를 모두 활자화했는가. 그렇다면 한 가지 일을 더하자. 바로 시간순으로 정리하는 것이다. 역사에는 시간적 맥락이라는 것이 존재하기 때문에('통시적 접근'이라고 한다. 이와 반대되는 사고도 있다. 예를 들어 미셸 푸코가 《말과 사물》에서 얘기하는'에피스테메Episteme') 어떤 일의 결과는 반드시 어떤 맥락 속에서 이해되어야만 정확한 의미를 알 수 있다. 그 맥락을 가장 쉽게 발견할 수 있게 해주는 것이 어떤 일련의 사건들을 시간의 순서에 따라 보는 것이다.

3. 내게 맞는 방법 찾기

시간순으로 정리한 자료를 보며 내게 맞는 방법을 강구할 차례다. 다음 두 가지 질문을 던지면서 자료를 읽어보자. '롤모델은 왜 이렇게 생각했을까?', '롤모델이 나와 같은 상황이었다면 어떻게 생각할까?'

모은 자료는 대개 롤모델의 성공 결과를 중점으로 다루었을 것이다. 우리는 그 내용에서 내게 '적용할 방법'을 알아야 한다. 나와 롤모델은 다른 사람이다. 살아온 환경도, 처한 입장도 다르다. 그래서 롤모델이 행한 방법 자체도 중요하지만, 특정 상황에 롤모델이 왜 그렇게 생각했는지, 그 판단 기준을 찾아야 한다.

그리고 롤모델과 같은 성과를 내기 위해 롤모델의 판단 기준을 내게 어떻게 적용할 수 있을지 가늠해야 한다.

어렵게 느낄 수 있지만 생각보다 간단하다. 모은 자료 속에서 내가 닮고 싶고 배우고 싶은 성취를 선별하고, 그 성취를 만든 판단이라 여겨지는 부분에 표시한다. 시험공부를 예로 든다면, 합격 수기를 통해 알게 된 합격자의 공부법 중에서 정말로 지금 내게 필요하고 요긴하게 쓰일 것 같은 방식들만을 골라내는 것이다. 직장인이나 자기계발을 하는 경우에는 특정인의 사고방식 전체보다는 독서법이나 시간 활용법, 투자법 같은 것이 여기에 해당한다.

그다음은 그 판단들이 어떤 이유를 바탕으로 한 것인지 다른 색상으로 표시하고 따로 정리한다. 그러면 롤모델의 판단력과 나의 판단력이 어떻게 차이가 나는지를 보다 분명히 알 수 있다.

이 과정에서 롤모델과 너무 다르다는 생각에 원하는 성취를 이룰 수 없을 것 같은 느낌을 받아 좌절감을 느낄 수도 있다. 그러나 성취는 아주 작은 한걸음에서 시작된다는 사실을 잊지 말자. 차이를 인정하는 것도 실력이다. 내 판단력을 레벨업 시키고 성공적으로 수행하기 위해 롤모델의 관점을 탐구하고 있음을 인지하자.

4. 미래로부터 현재로의 계획

여기까지 왔다면 이제는 레벨업한 판단력을 바탕으로 기간별 계획을 구체적으로 세워보자. 이때는 반드시 미래에서부터 현재로 거꾸로 거슬러 올라오며 계획을 세워야 한다. 이렇게 하면 자연스럽게 장기에서 단기로 계획이 세워진다. 예를 들어 '10년 뒤에 ○○을 하겠다'라고 계획을 세우고, 이를 바탕으로 그 절반인 5년 뒤의 계획을, 다시 그 절반가량인 3년 뒤의 계획을, 또다시 그 절반가량인 1년 뒤의 계획을 세우는 것이다. 목표가 있다면, 이미 그것을 이루었다고 생각하고 계획을 세운 뒤에 대략 절반의 기간 정도씩 쪼개어 현재로 돌아온다.

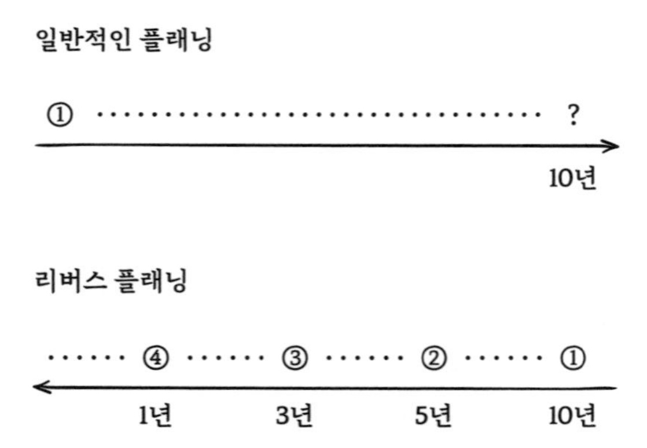

계획을 망치는 속단에 주의하라

앞서 말한 단계를 충실히 따랐음에도 엉뚱한 계획을 세우게 되는 경우가 있다. 바로 꼼꼼한 검토 없이, 직관적으로, 어림짐작으로 판단해서다. 이 속단을 경계해야 한다.[2]

첫 번째, 일부만 보고 전체를 판단하려 해서는 안 된다. '성급한 일반화의 오류'다. 요즘은 사람이든 물건이든, 콘텐츠든 기능적인 효용을 면밀히 따지기보다는 정서적·감정적으로 소비하는 경향이 있다.[3] 예를 들면 '프로틴바'라는 이름만 보고 건강한 간식이라 생각하고 구매하는 경우다. 알고 보면 단백질 함량이 적을 수 있는데 말이다. 이런 오류를 범하지 않기 위해서는 롤모델을 선정하고 분석하는 과정에서 앞뒤가 맞지 않는 경우(이론적·경험적 근거 부족)를 발견한다거나 얻어진 결과가 운처럼 통제 불가능한 요소에 의한 것이라면 더 엄격한 눈으로 살펴봐야 한다.

경계해야 할 두 번째 속단은 바로 상대가 내세운 증거를 따져보지도 않고 믿는 것이다. '거짓도 자꾸 반복하면 진실이 된다'라는 말을 들어본 적이 있는가? 삼인성호三人成虎라는 고사성어가 있다. 사람 세 명이 모여 호랑이를 봤다고 거짓말을 하면, 사람들이 사실로 받아들일 수 있다는 의미다. 그런데 요즘 세상은 누군가를 직접 대면해서 무언가가 이루어지는 과거와는 달리, 많은 일들이 가상 공간에서 이루어진다. 한 명이 세 명의 역할을, 거짓말을 능히 해낼 수 있다. 특히 '우즐 효과Woozle Effect'라고, 검증할 수 없는 근거들을 들어 자신의 주장을 합리화시키고 다른 사람으로 하여금 진실로 믿게끔 만드는 경우가 많다.[4]

요즘에는 사실과 일부 부합하는 것들을 들어 과장하여 말하거나, 앞으로의 계획이나 바람을 마치 이미 이룬 것처럼 교묘하게 순서를 바꾸어 콘텐츠를 만드는 일이 많다. 이러한 것들을 함부로 기준지로 삼아 조합하면, 그에 쏟은 인지적 비용이 모두 쓸모없는 것이 되고 만다. 즉 몰입에 실패하게 된다.

마지막은 '생존자 편향Suvivorship Bias'[5], 소수의 성공 사례를 누구나 할 수 있는 것으로 여겨 내게 적용하려는 속단을 주의하라. 성공 사례를 보면서 혹시나 생략되거나 걸러진 이야기나 이유가 있는 것은 아닌지, 과연 일반적인 사람들도 할 수 있는 것인지 등을 꼼꼼히 살펴봐야 한다. 기준은 '내가 그 일을 할 수 있는가'가 아니라, 내가 찾은 사례가 '일반적으로 가능한 것인지'다. 보통 사람들이 할 수 있음에도 내가 할 수 없다는 것은 동기나 의욕의 문제, 방해의 문제로 귀착될 가능성이 높다.

조금 다른 이야기이긴 하지만, 나 역시 위 세 가지 속단을 경계하는 데 많은 노력을 기울이고 있다. 나는 9개월간 수험 준비를 해서 사법시험에 합격했는데, 그 과정에서 사용한 공부법을 유튜브나 책을 통해 알리고 있다. 이를 위해 교육학과 인지심리학을 따로 공부했고 정신과 의사, 스포츠 심리학 교수, 전현직 교원대 교수, 전현직 교사분들과 수시로 논의해오고 있다. 내 방법이 개인에게만, 사법시험에만 적용되는 것이 아니라 누구나 보편적으로 적용할 수 있게 다듬어 전하고자 하기 때문이다.

- ★ **가장 닮고 싶은, 이미 성공한 한 명의 분석 대상을 선정하여, 그의 책, 영상, 인터뷰, 강연회 등 가능한 모든 자료를 수집할 것.**
- ★ **수집한 자료를 활자화해 정리하고 시간순으로 재정렬할 것.**
- ★ **분석 대상의 성과가 아니라 과정에 유념해 방법과 노하우를 추출할 것.**
- ★ **목표를 이미 이루었다 전제하고, 목표 달성 시점부터 현재까지 거꾸로 거슬러 올라오며 구체적으로 계획을 세울 것.**

4

뇌가 끌리는 계획 만들기

수치화하여 구체적으로

뇌가 끌리는 계획을 만들기 위해 꼭 해야 할 일이 있다. 구체적으로 수치화하여 계획을 세우는 것이다. 제아무리 매력적인 계획이라 하더라도, 구체적이고 상세하지 않으면(특히 수치화되어 있지 않으면), 뇌는 큰 매력을 느끼지 못한다. 무엇을, 어떻게, 얼마나 해야 하는지를 알 수 없으면, 그것을 알아내기 위해 또 다른 인지적 비용을 들여야 하기 때문이다. 공짜인 줄 알고 다운받은 앱에서 인앱 결제를 해야 한다고 하면, 대게 그 앱을 삭제하지 않는가? 계획도 같은 원리다.

예를 들어, 10년 뒤에 2억을 모으고 싶다고 하자. '10년 뒤 2억 원 자산가 되기'가 첫 번째 계획이 된다. 이제 이것을 절반으로 나눈다. '5년 뒤에는 1억 원 자산가가 되기'라는 계획으로 구체화한다. 다시 절반으로 나누면 약 3년이 된다. '3년 뒤에는 대략 6천만 원 자산가가 되기'라는 목표로 더욱 구체화시킨다. 그 절반에서 올림을 해서 '2년 뒤에는 4천만 원 자산가 되기'로, 또 절반으로 나누어 '1년 뒤에는 2천만 원 자산가 되기'가 된다. 1년을 12개월로 다시 쪼개보자. '1개월에 166만 원 모으기'로 더 구체화한다. '10년 뒤에 2억 원의 자산가가 되기' 계획과 '한 달에 166만 원씩 모으기' 계획 중 어느 것에 더 몰입하기 쉬울까? 후자의 목표가 더 선명하고 단순하며, 추가적인 인지적 비용의 소비를 줄여준다. 즉, 수행하는 데 더 유리한 계획이라는 의미다. 더 매력적인 계획을 원한다면, 1주일 단위로, 하루 단위로 다시 구체화해 보자. 1주일에 41.5만 원을, 하루에 약 6만 원의 돈을 아끼는 계획이 된다. 뇌는 이렇게 쉽게 달성할 것처럼 보이는, 단순하고 명료한 계획에 끌린다.

물론 이는 대략적인 계획을 위한 단순계산이고, 현대에서의 삶은 예측 가능성이 매우 낮으므로, 예상보다 더 빠르게 또는 더 늦게 계획이 실현될 가능성도 상존한다. 하지만 지금 우리는 완벽한 계획을 세우자는 게 아니라, 몰입을 위한 명확한 기준을 만

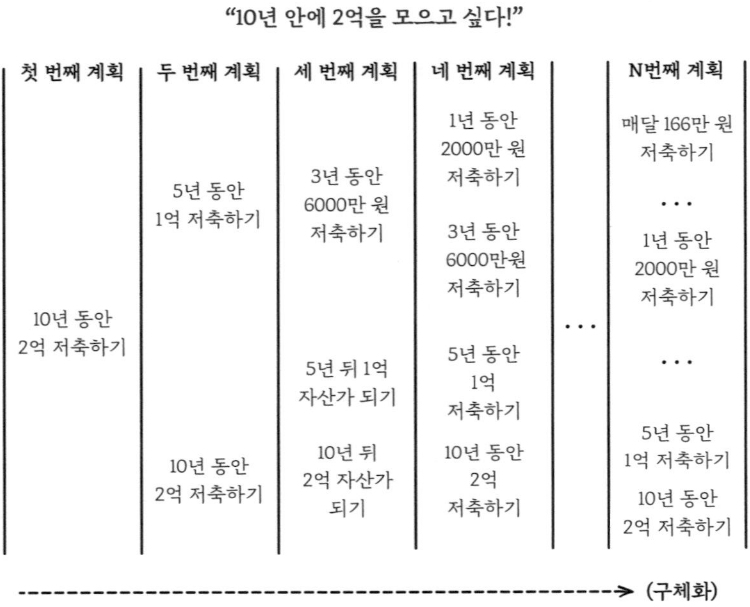

"10년 안에 2억을 모으고 싶다!"

첫 번째 계획	두 번째 계획	세 번째 계획	네 번째 계획		N번째 계획
10년 동안 2억 저축하기	5년 동안 1억 저축하기 10년 동안 2억 저축하기	3년 동안 6000만 원 저축하기 5년 뒤 1억 자산가 되기 10년 뒤 2억 자산가 되기	1년 동안 2000만 원 저축하기 3년 동안 6000만원 저축하기 5년 동안 1억 저축하기 10년 동안 2억 저축하기	···	매달 166만 원 저축하기 ··· 1년 동안 2000만 원 저축하기 ··· 5년 동안 1억 저축하기 10년 동안 2억 저축하기

---> **(구체화)**

들고자 하는 것임을 상기하도록 하자.

현재를 기준으로 미래를 가늠하지 않는다

계획을 세울 때는 분명 엄청나게 끌리는 일이었는데, 막상 실행하려 책상에 앉으면 도무지 일이 손에 잡히지 않아 집중이 힘들었던 경험은 누구에게나 있을 것이다. 이 경우 대부분은 자신의 의지와 집중력을 탓하며 애꿎은 자신을 바꾸기 위해 유튜브에 올라온 동기부여 영상 등을 본다. 하지만 이는 잘못된 진단이다. 몰입을 할 수 있는 집중력이 없거나 의지가 약한 경우도 있겠지만, 원인의 대부분은 애초에 몰입 불가능한 계획을 세웠다는 데에 있다.

그 대표적인 이유가 계획을 세울 때의 심리 상태와 몰입해야 할 순간의 심리 상태가 다르다는 것이다. 대부분 하루를 시작할 때나 마무리할 때 계획을 세운다. 이때는 실행 시점과 시간적인 거리가 있어 실행을 옮기는 순간에 자신이 어떤 상태일지 쉽게 예측하지 못한다. 때문에 냉철하고 이성적으로 목표에 필요한 실행을 계획한다. 냉철하고 이성적인 판단을 하는 사람에게 보통 '차갑다'라고 표현하는데, 계획을 세울 때의 마음은 '차가운 상태Cold State'라 할 수 있다.[6] 그런데 실행할 때는 주변 환경 혹은 상황의 영향을 받고 화나거나 흥분되거나 피곤하거나 하는 등 신체 각성이 일어나 계획한 대로 수행하기 어려워진다. 이때의 마음가짐은 '뜨거운 상태Hot State'다.

이처럼 계획을 짤 때와 실행할 때의 마음 상태가 다른데, 우리는 이를 전혀 고려하지 않는 실수를 한다. 이를 '투사 편향Projection Bias'이라고 한다. 계획을 세울 시점의 높은 의지나 이성적인 마음에만 쏠려 판단을 잘못한다. 결국 뇌가 매력적으로 느낄 거라 생각한 일이 나중에는 전혀 매력적이지 않은 일이 된다.

이러한 현상은 특히 수험생들에게 많이 나타난다. 내가 지도했던 학생 대부분은 초반에는 이상적으로 계획을 세웠다. 억지로 몰입하려는 노력도 했다. 그러나 점차 계획을 완수하지 못하자 몰입의 정도가 눈에 띄게 하락했다. 이는 비단 수험생에게만 일어나는 일은 아니다. 보통 사람 대부분이 겪는다. UCLA 연구에 의하면 설문조사에 응한 92퍼센트의 사람은 새해를 맞아 세운 계획을 완수하지 못한다고 하는데, 가장 큰 이유가 나는 투사 편향 때문이라고 생각한다.

투사 편향에서 벗어나는 방법은 두 가지가 있다. 첫째는 계획 단계에서 현재의 의지를 과대평가하지 말고, 시간을 들여 실행 단계에서의 상태를 매우 구체적으로 상상하며 계획을 세운다. 그다음 계획을 보면서 앞으로 펼쳐질 하루를 떠올려 보자. '앞서 한 일로 어느 정도의 피로감이 쌓여있을까?', '앞서 한 일과 지금 계획하는 일 사이에 휴식 시간은 어느 정도가 될까?', '이 일을 할 때의 기분은 어떨까?' 등 세심하게 생각한다. 이런 과정을 통해야만 뇌가 매력적으로 느끼고 몰입할 수 있는 현실적인 계획을 세울 수 있다.

두 번째 방법은 이보다 조금 더 간편하다. 처음부터 '이 정도는 무슨 일이 있어도 해낼 수 있는 만큼'의 양을 계획하는 것이다. 당장은 최대한 많은 일을 수행하는 몰입을 발휘하면 좋겠지만, 과한 계획은 무기력만을 학습하게 해 몰입 자체를 실패하게 만들 수 있다. 확실하게 할 수 있는 양을 계획하고 실행하면 성공 복리가 쌓이면서 앞서 설명한 성취동기나 보상 회로도 작동하고, 몰입의 정도와 총량 역시 증가한다.

완료 시간을 어림짐작으로 가늠하지 않는다

뇌가 계획을 매력적으로 느끼지 못하고 몰입할 수 없게 만드는 또 다른 이유가 있다. 계획 단계에서 어떤 일에, 어느 정도의 시간이 걸릴지를 어림짐작으로 가늠하는 것이다.

사람은 새로운 정보를 판단할 때, 쉽게 떠올릴 수 있는 기준을 하나 떠올린 후 그것을 바꾸거나 응용하여 답을 내는 경향이 있다. 예를 들어 '세종대왕은 몇 살까지 살았을까?'라는 질문에 답을 내보자. '조선시대 평균 수명이 40세 정도라고 하던데, 세종대왕은 왕이라서 좋은 음식을 먹고 건강관리를 잘했을 테니 60세 정도까지 살지 않았을까?'라고 생각했다고 하자(답은 52세이다). 여기서 60세라는 답은 40세를 기준으로 20년을 더한 것인데, 이처럼 판단할 때 우리는 머릿속에서 쉽게 떠오르는 기준을 미리 정해두고, 그것을 변형하여 결론을 내린다. 이를 '앵커링anchoring'이라고 한다.[7] 배가 바다에 닻을 내리면 그 닻을 중심으로 일정 거리 내에 떠 있을 수 있는 것처럼, 판단함에 있어서도 닻(앵커)을 중심으로 결론을 내리는 것을 의미한다.

계획을 세울 때도 '닻'을 기준으로, 그러니까 과거에 이와 비슷한 일을 처리하는 데 걸린 시간을 기준 삼는 경우가 많다. 공부할 때를 예로 들면, 오늘의 공부 분량을 소화하는 데 걸리는 시간을 어제 공부 분량을 얼마 만에 소화했는지에 따라 가늠하는 것이다. 그리고 오늘의 계획에 기계적으로 같은 정도의 시간을 배분한다. 그러나 어제의 공부와 오늘의 공부가 완전히 같을 수 없다. 이해도나 난이도 등에 따라 소요시간이 달라질 수 있다.

이런 점을 생각하지 않고 어림짐작으로 계획을 세우고, 그로 인해 오차가 생기면 몰입이 깨지기 시작한다. 어떤 일을 끝내고 다음 일을 시작할 시간을 정해두었는데, 그 시간 내에 일을 끝마치지 못하면 스트레스가 어마어마하다. 다음 일을 하면서도 앞서 다하지 못한 일을 떠올리게 되고, '눈앞의 일마저 시간 내에 끝내지 못하면 어쩌지' 하는 초조함을 느끼게 된다. 게다가 사람의 뇌는 한 번에 생각을 두세 개 정도밖에 할 수 없다. 그렇기에 일이 밀리기 시작하면 다음 할 일이 무엇인지, 시간 내에 처리하지 못하면 어떤 불이익이 발생하는지를 생각하는 데 뇌 용량 대부분을 써버려 몰입이 어려워진다.

앵커링으로 인해 발생하는 몰입 실패를 예방하기 위한 방법을 소개한다. 먼저 편향의 오류를 극복하는 방법과 마찬가지로, 그 일을 실행하는 상황을 구체적으로 상상하며 과연 어느 정도의 시간이 소요될지를 정확하게 계산해 보는 것이다. 판단의 정확도를 높이기 위해서는 평소 어떤 일을 끝낸 후 어느 정도의 시간이 걸렸는지를 기록하는 습관을 들여야 한다. 사람마다 시간 감각이 다를 뿐 아니라, 몰입할 때는 시간이 엄청 빠르게 지나가고 있다고 느껴 자신이 느끼는 소요 시간과 객관적으로 흐른 시간 사이에 큰 차이가 발생할 수 있기 때문이다.

나는 책을 읽을 때, 책제목 뿐 아니라 난이도와 읽는 데 걸린 시간과 분량을 기록한다. '《생각에 관한 생각》, 난이도 上, 20쪽-32분'과 같은 식이다. 일할 때도 마찬가지다. 업무 종류와 난이도에 따른 소요 시간과 해낸 분량(또는 정도)을 체크한다.

★ **계획은 구체적으로 수치화하여 세울 것.**
★ **계획 후 머릿속으로 시뮬레이션하며 수정할 것.**
★ **시뮬레이션이 어려울 때 '확실하게 할 수 있는 양'으로 계획할 것.**
★ **계획 수행에 걸리는 시간을 어림짐작해 세우지 않으려면 평소 완수에 걸리는 시간을 기록하는 습관을 들일 것.**

5 뇌가 끌리는 '순서'가 따로 있다

중요한 일은 오전 중에 끝낸다

칸트, 찰스 다윈, 차이코프스키, 앤디 워홀, 베토벤, 프로이트, 빅토르 위고의 공통점을 아는가? 가장 쉽게 떠올릴 수 있는 공통점은 세계의 역사를 바꾼 천재들이라는 사실이다. 잘 알려지지 않은 공통점이 하나 더 있다. 이들은 오전에 모든 일을 끝내는 루틴을 가지고 있었다는 점이다. 칸트는 오전 5시에 기상하여 커피를 마신 뒤 집필 활동에 몰입했다. 오전 7시에 학교에 가서 수업을 하고, 12시나 1시에 점심을 먹고 오후 3시 경이면 어김없이 한두 시간 산책을 했다. 베토벤은 매일 해가 뜨는 시간에 맞춰 기상한 후, 커피를 마신 뒤 오전 내로 작곡 활동을 끝내고 오후 3시 정도에 산책을 나섰다. 차이코프스키나 프로이트, 찰스 다윈, 앤디 워홀도 중요한 일은 오전에 끝냈다.

이들이 천재여서 오전에 일을 끝낼 수 있었던 것이 아니냐고 반문할지도 모르겠다. 이들이 천재라 오전에 일을 끝낼 수 있는 게 아니라, 오전에 일을 끝내는 루틴을 지켰기 때문에 세상을바꾼 천재적인 업적을 만들어 낸 것이다. 오전에 일을 끝낸다는 이 단순한 원칙으로 어떻게 세상을 바꿀 수 있었을까? 여기에는 몇 가지 포인트가 있다.

기상 직후 가장 순도 높은 에너지를 가지고 정말 중요 한 일에 몰입했기 때문에 성과를 낼 수 있었다. 보통 사람들의 오전 루틴을 살펴보자. 많은 직장인이 출근 직후에 회의하거나 동료와 정보를 나누거나, 이메일을 처리하거나, 외부로부터 새로운 정보를 얻은(인풋) 후 업무 시동을 건다. 본격적인 업무는 점심을 먹고 난 오후부터 하려고 한다. 즉 성과를 만들어 내는 아웃풋 활동은 오후에 배치하는 것이다. 오후 중에 업무를 끝내면 다행이지만, 대부분은 다 마치지 못하거나 가까스로 끝내 점검하는 시간을 충분히 갖지 못한다. 또 일을 급하게 하게 되니 몰입의 질은 떨어지기 마련이다.

수험생도 마찬가지다. 수면하는 동안 해마가 기억을 정리해 주기에 기상 직후에는 새로운 진도를 인풋하기보다는 전날의 공부를 빠르게 머릿속으로 아웃풋하는 게 좋다. 그런데 수험생 대부분은 피곤에 지친 몸을 이끌고 잠도 제대로 깨지 않은 채로 학교나 학원, 인강의 세계로 향한다. 오전의 순도 높은 시간을 인풋에 쏟아붓는 것이다. 아웃풋 활동을 오전에 배치하는 천재들의 루틴과는 여러 면에서 차이를 보인다.

둘째, 오전에 처리할 수 있는 분량의 일 만큼을 확실하게 처리한다. 앞서 여러 번 언급했듯 완료는 성취를, 성취는 뇌에 보상을, 보상은 새로운 동기를 불러일으킨다. 애초에 할 일의 범위를 넓게 잡고 오전에 그중 일부를 처리하는 것이 아니라, 오전에 수행할 수 있는 양만 설정하고, 그 일에 모든 인지적 자원을 쏟아부어 몰입하고, 순도 높은 아웃풋을 만들었다. 오늘 끝날지, 내일 끝날지 모르는 일들을 모두 나열한 후 오늘 할 수 있는 최대한의 분량을 처리하려고 하는 것과는 발상 자체가 다르다.

천재들은 '완료'를, 보통 사람들은 '최대'를 지향한다. 전자에는 일의 끝이 존재하지만, 후자에는 일의 끝이 없다. 일반적인 생각과는 달리 몰입은 끝이 있는 일에서만 가능하다. 아무리 많은 비용을 들여도 달성할 수 없는 목표에 뇌는 움직이지 않는다. 공부하는 이들은 인강을 최대한 많이 듣거나 교재를 최대한 많이 읽거나 문제를 최대한 많이 푸는 데 목표를 둔다. 그런데 이런 상황 속에서는 장기적인 관점에서 몰입이 일어날 수 없다.

셋째, 오전에 아웃풋을 끝낸 후에는 산책 등을 통해 오전에 한 일을 되돌아보고, 더 나은 방향으로 나아가기 위해 새롭게 취득할 정보의 범위와 양, 방법을 구상한다.

다만 한 가지 주의할 점이 있다. 반드시 '오전'에만 일을 끝내야 하는 것은 아니다. 이 원칙은 내 정신 에너지가 가장 충만한, 가장 순도 높은 상태일 때를 말한다. 그 시간대는 사람마다 다를 수 있기에 각자의 상황에 맞게 바꾸어 적용한다. 예를 들어 애초에 오후나 밤, 새벽에 기상하는 사람이 무턱대고 앞서 설명한 것처럼 오전에 일을 끝내려고 하면 안 된다. 앞 설명은 '오전'이 아니라 '기상 직후의 시간'으로 바꾸어 쓰는 것이 정확하나, 예로 든 천재들이 모두 오전 중에 일을 끝내는 루틴을 가지고 있어 부득이 이와 같이 설명했다.

나이에 따라 '배치'가 달라져야 한다

단순하게 생각하면 한 번에 한 가지 일을 할 때 몰입 가능성도 올라간다. 그러나 사람이 살면서 한 가지 일만 하며 사는 경우는 사실상 없을 뿐 아니라, 나이에 따라 여러 가지 일을 해도 몰입을 할 수 있는 때가 있다. 이는 사람의 기억 형태가 나이듦에 따라 변화한다는 점과 깊은 연관이 있다.

유아일 때는 먹고 자고 싸는 생존의 기본적인 행동들과 듣고 말하기 등 일상생활을 영위하기 위한 일을 '몸으로' 기억한다. 이를 '방법기억procedural memory'이라고 하는데[8], 흔히 어떤 일이 체화되었다, 몸에 배었다 또는 숙달되었다고 말한다. 유아기를 지나면 자신을 둘러싼 세상에 대한 지식을 습득하는 해야 하는데, 이 시기에는 '지식기억semantic memory'라는 방식으로 기억한다.[9] 뒤에서 살펴볼 경험기억과 달리, 이 경우에는 무언가를 체험하거나 이해하지 못해도 있는 그대로 받아들일 수 있다. 대략 중학교 2~3학년 정도까지 지식기억 방식을 주로 사용한다. 이 시기를 넘어서면 자신이 경험하거나 이해할 수 있는 것들을 위주로 기억한다. 이를 '경험기억episodic memory'라고 하는데[10], 새로운 경험을 이전의 경험과 연결시키며 기억한다는 의미다.

방법기억은 특정한 일을 반복하고 숙달시킴으로써 기억하는 방식이지만, 경험기억은 자신이 스스로 그것을 체험하고 기존에 알고 있는 것에 따라 그 새로운 것을 재배치하거나 분해하거나 재조립하는 등으로 의미부여를 함으로써 기억하는 방식이다. 지식기억은 특별한 반복·숙달이나 이해가 없이도 무언가를 있는 그대로 통째로 기억하는 것에 가깝다.

따라서 유아기를 지나 중학교를 졸업하기 전까지는 하루에 여러 가지 과목을 공부해도, 여러 가지 일을 해도 몰입에 별다른 영향을 미치지 않는다. 특별히 그것을 기존 지식을 통해 이해하는 작용을 거치지 않아도 있는 그대로 기억을 할 수 있기 때문이다. 하지만 고등학생이 된 이후, 특히 성인이 되어서는 내가 이해하고 의미 부여하는 것을 주로 기억하는 방식으로 뇌가 작동하기 때문에, 새로운 것을 할 때에는 그것의 원리를 파악하고 내 기존의 앎으로 설명할 수 있을 정도의 시간과 노력을 투자해야만 그것이 내 것이 된다.

우리는 시간이 지남에 따라 기억하는 형태가 달라진다는 점을 간과하고, 초·중학생 때의 경험에 따라 여러 가지 일을 나눠서 계획한다. 하지만 성인이 이처럼 여러 가지 일을 조금씩 자주 나눠서 하면, 그 어느 것에도 몰입할 수가 없다. 이때는 하나의 일에 충분한 시간을 쏟으며 내 것이 되었다고 할 수 있을 정도로 그 일에만 집중해야 한다.

다만 고등학생이나 성인이 된다고 해서 갑자기 이전에 주어졌던 여러 가지 종류의 일이 한 가지 일로 줄어들지 않는다. 사정이 그렇다고 하여 효율적이고 이상적인 방식을 포기할 수도 없다. 이를 적절히 상황에 맞게 변형해야 한다. 가장 좋은 방법은 내가 몰입하고자 하는 일을 위해 일정 시간을 빼두는 것이다. 일정 기간에는 그 일을 제일 높은 우선순위에 두고, 꾸준하게 시간을 투자한다.

예를 들어 수학을 잘 못한다면, 오늘 배운 내용은 수업 시간 전후로 가급적 예·복습을 끝내고, 걷고 먹고 잠들고 화장실 가는 시간을 포함한 모든 시간을 수학 공부에 쏟을 수 있도록 계획을 조정한다. 그렇게 해야만 몰입이 일어날 수 있다. 직장인도 긴 호흡으로 공들여 처리해야 하는 프로젝트가 있다면, 앞서 설명한 천재들의 루틴처럼 오전 시간을 그 일에 할당하는 등의 방식을 사용한다. 그 일에 대한 이해가 깊어지고, 성과가 나올 수 있도록 일정 기간에는 오전에 일을 배치한다.

고등학생 이후부터 한 번에 한 가지 일을 배치하고 그것에만 몰입하는 계획을 세우는 이유는, 무엇보다도 뇌의 기억법이 바뀌었기 때문이지만 또 다른 이유도 있다. 어느 하나를 끝까지 이해하고 처리하는 과정에서 그 일이나 지식의 체계, 구성 방식을 파악하게 된다. 이 경험은 다른 지식을 습득하거나 일을 처리할 때도 그 구조나 방식을 변경해, 보다 손쉽게 처리할 수 있게 해준다.[11] 이런 이유로 우선순위가 높은 일을 일정 기간 내에 연속적으로 배치하는 방식으로 몰입하는 것이 좋다.

집중력 도둑,
'다급함의 본능'

이제는 '패스트 푸드fast food'라는 말을 듣거나 사용하는 게 드물게 느껴질 정도로 무언가를 빨리하는 게 당연한 일상이 되었다. 우리는 어떤 일이든 빠르게 처리할 때 편안함을 느낀다. 모든 사람이 다 그렇지는 않겠지만, 앱이나 메신저의 알림이 울리면 바로 확인하고 싶지 않은가? 밀린 일로 인한 스트레스를 크든, 작든 느끼지 않는가? 내가 무언가를 신경 쓰고 있는 상태를 스트레스라고 생각해 보자. 내가 평소에 다양한 스트레스를 얼마나 자주 느끼는지를 조금은 가늠할 수 있을 것이다.

무언가를 빨리 처리하려 하는 것 역시 우리의 DNA 속에 각인된 습성 중 하나다. 도구와 기술로 지구를 정복하기 이전부터 인간은 생존하기 위해서 신속하게 결정을 내렸다. 아마도 그래야만 상황이 유리했을 것이다.

지금 우리의 모습은 다급함 본능의 노예라고 해도 과언이 아니다. '밀당'을 하는 '썸 타는 관계'가 아닌 한에는, 알람이 울리기가 무섭게 카카오톡이나 메신저 답장을 할 것이다. 수험생의 예를 들어보자. 남은 시간을 다 투자해도 성적이 오를 가능성이 낮은 과목과 조금만 시간을 투자해도 성적이 확실하게 오르는 과목이 있을 때, 불안하다는 이유로 다급함을 느껴 성적을 잘 받을 가능성이 낮은 과목에 모든 시간을 쏟는 경우가 매우 많다. 직장인의 경우에는 인사고과나 성과에 영향을 미치는 장기적인 일이나 더 가치 있고 중요한 일보다는 굳이 당장 처리하지 않아도 되는 업무 메일 회신이나 잡다한 일 처리를 우선시한다. 이런 순서로 일을 하면, 일에서 만족감이나 성취감을 느낄 수가 없고, 그 일에 장기적으로 몰입할 수 없다. 또한 진짜 몰입이 필요한 중요한 일을 할 시간적·심정적인 여유도 얻을 수 없다.

다급함 본능에서 벗어나기

다급함 본능에서 벗어나 중요한 일에 몰입하기 위해서는 무엇보다도 현재 하고 있는 일들을 전체적으로 조망하고, 우선순위를 다시 매기는 작업이 필요하다. 그러기 위해서는 먼저 해야 할 이들의 시한을 명확하게 하고, 종이에 모두 적어본다. 거듭 반복하지만, 뇌의 용량은 생각보다 크지 않다. 종이에 적는 행위는 뇌를 확장하는 의미다. 이렇게 해야 할 일들을 적은 후에는 생계와 관련된 것에 체크한다. 그리고 그 안에서 다시 일의 중요도를 매긴다. 이 일을 하지 않으면 얻는 것Gain을 많이 놓치면서 동시에 고통Pain이 큰 것부터 숫자를 매긴다. 우선순위를 높게 두어야 하는 일은 'Gain'과 'Pain'의 지수가 높은 일이다. 반면 우선순위가 가장 낮은 일은 Gain도 Pain도 적은 일이다. 이렇게 숫자를 매겼다면, 숫자가 낮은, 즉 순위가 높은 일부터 배치해 처리한다. 순위가 같을 때는 더 급한 일을 처리하면 된다.

결국 다급하지 않지만 내 인생에 더 큰 행복을 가져다주는, 가치 있는 일에 몰입해야 한다. 즉 몰입에도 우선순위가 있다는 뜻이다. 급하게 느껴지기만 한 일, 다급함 본능만을 자극하는 일에 인지적 비용을 쏟는 것은 내 집중과 몰입을 도둑질당하는 것이라는 점을 명심해야 한다.

★ **원활한 몰입에 유리한 순서가 있다.**
★ **다른 때보다 신체·정신 에너지 순도가 가장 높은 시간에 수행할 것.**
★ **'완벽'보다는 '완료'를 추구할 것.**
★ **몰입하고 싶은 일을 위한 시간은 먼저 계획할 것.**
★ **'급한 것'보다 '중요한 것'을 고려할 것.**

6

뇌가 좋아하는 것, 뇌가 싫어하는 것

뇌로 할 일을 눈으로 할 때 생기는 비극

사회인이 되어서도 자격증을 따거나 자기계발을 위해 공부를 한다. 보통 어학 공부를 하는 경우가 많다. 다이어트나 운동도 제대로 된 방법을 배우고 익혀서 해야만 효과를 거둘 수 있으므로 이 역시 넓은 의미의 습득, 즉 공부에 속한다. 수험생의 경우에는 공부 그 자체가, 말하자면 하나의 직업과 동등한 의미의 가치를 갖는다. 결국 의식하든 의식하지 않든 우리는 항상 '습득'의 공기를 마시며 살고 있는 것이다.

습득은 삶의 기본적인 욕구를 충족시키기 위한 것으로, 인지가 없는 유아 시절의 배움을 제외하면, 대부분 '머리(뇌)'로 한다. 그런데 뇌로 해야 하는 것을 '눈으로' 하는 경우가 있다. 이 경우는 지식이나 정보가 머리로 들어오는 듯하지만(In은 있지만), 그것이 머릿속에 정착되지는 않는다(Put이 일어나지 않는 상태). 눈이라는 통로를 통해 들어온 정보가 증발해 버리는 것이다. 이는 뇌로 해야 하는 일을 눈으로 하여 써야 할 인지적 비용을 낭비하는 행동이다.

눈으로 하는 습득은 시간적 간격을 두고 어떤 일을 반복할 때 대개 많이 일어난다. 수험생이라면 어제 공부한 내용을 오늘 복습하고 그다음 날 또 반복할 때, 일반인이라면 책을 읽을 때 많이 일어난다. 이런 행동의 가장 큰 이유는 불안함 때문이다. 앞서 설명한 다급함 본능과도 관련이 있다. 당장 눈앞의 진도, 해나가야 할 다음 할 일 때문에 불안을 느껴, 뇌로 천천히 곱씹고 분석하고 생각하며 '내 것'으로 만들지 않는다(이를 '장기기억화Elaboration'라고 한다).[12] 이런 행동을 '눈에 바른다'라고 표현하기도 하는데, 이런 식의 습득은 몰입을 이뤄낼 수 없다. 습득한 직후 내용이 바로 생각나는 쾌감(또는 성취감)이 사라지는 만큼 그에 비례해 불안과 고통이 크게 느껴진다. 쾌감-불안-쾌감-불안이 반복되는 상태에서는 어떤 일에 온전히 몰입하기 힘들고, 나아가 즐거움을 가장 큰 매개로 발동하는 몰입 상황을 만들 수 없다.

뇌는 '매일' 반복을 싫어한다

눈이 아니라 뇌로 무언가를 습득한다는 전제에서, 무언가를 '매일' 반복하면 몰입에 도움이 될까? 이에 대한 답도 부정적이다. 이 역시 인지적 비용을 낭비하는 행동에 해당한다.

사람들 대부분은 공부 직후에 복습하거나 매일 어떤 내용을 반복하는 게 기억에 유리할 것이라 생각한다. 이러한 인식은 에빙하우스로 인해 발생한 것으로 추측된다. 독일의 심리학자인 헤르만 에빙하우스는 무언가를 공부한 후에 일정한 주기로 복습을 반복하면, 망각 속도가 늦어지고 머릿속에 남는 정보량이 늘어난다고 주장했다. 이를 그래프로 표현한 것이 유명한 '망각 곡선Forgetting Curve Hypothesizes'이다.[13]

거의 모든 학습법이 이 망각 곡선을 따른다. 학습 후 일정 기간이 지나 복습하는 것이 효과적이라 말하며 일부 공부법들은 아예 1일 뒤, 1주일 뒤, 2주일 뒤, 한 달 뒤와 같은 일반화된 주기로 복습을 권하기도 한다. 하지만 에빙하우스의 실험은 알파벳을 무작위로 뽑아 아무런 의미연결 없이 단어처럼 만들어서 외우는 것으로, 기존 기억과 새로운 정보를 연결하여 기억을 오랜 시간 유지하는 방법(장기기억)과는 거리가 멀었을 뿐 아니라 실험 대상자가 자기 자신 한 명뿐이었으므로, 이를 엄밀한 의미의 과학적 실험이라고 부르기는 어렵다. 과격한 평가일 수 있지만,

요즘 말로 정밀한 뇌피셜에 가깝다고 해야 하지 않을까? 게다가 최근 뇌과학의 연구성과도 이와 다르다.

뇌과학자들이 밝혀낸 바에 의하면, 학습 직후 복습을 하거나 매일 반복하는 것보다 시간이 충분히 지난 후에 학습한 내용을 떠올리는 게 훨씬 기억에 잘 남는다고 한다. 뇌의 일부인 '해마Hippocampus'가 시간이 지나는 동안 기억을 정리하기 때문에, 그 시간이 지난 후에 회상해야 기억이 강화된다는 것이다.[14] 그러므로 해마가 기억을 정리할 틈도 없이 의식적으로 정보를 계속하여 입력하는 행동은 기억과 그를 바탕으로 한 몰입에 별반 도움이 되지 않는다.

결국 우리가 그동안 부지불식간에 잘못 알고 있었던 '상식'이 깊이 있는 몰입을 방해하는 것이다. 매일 복습하는 방법으로 해마를 쉬지 못하게 하는 행동에 인지적 비용을 소모함으로써, 진짜 비용을 쏟아야 할 일에는 충분한 에너지와 시간을 투입하지 못했기 때문이다.

이제는 시간이 지나면 '까먹는다'라는 인식을 전환할 필요가 있다. 애초에 무언가를 눈에 바르는 경우에는 머릿속에 무언가를 집어넣은 것이 없기에 까먹는 것이지, 시간이 지나 까먹는 것이 아니다. 시간이 지나면서 뇌는 불필요한 기억을 없앨 뿐, 오히려 필수 지식들은 이를 체계적으로 정리해 준다. 이러한 뇌의 작동 방식에 대한 정확한 이해가 선행되어야 몰입의 질을 높일 수 있다.

무언가를 머리에 집어넣는 것은 '자기 전'에 끝내라

뇌의 작동원리를 잘못 알아 질 높은 몰입을 이루지 못하는 예는 하나 더 있다. 이 역시 매우 빈번한 것이다. 한 번은 내가 운영하는 유튜브 채널에 직장인은 자기 전에 공부를 끝내는 것이 좋다는 내용의 영상을 올렸다. 그런데 이 영상에 달린 댓글 중 상당수가 반대 의견이었다. 특히 기억에 남는 댓글은 '사람마다 다른 것 같다. 나는 아침에 공부가 더 잘 되더라'였다. 하지만 과학적으로 입증된 결과에 따라 무엇이 더 효율적인지의 문제와 내가 어느 것을 선호하는지의 문제는 구별해야 한다. 질 높은 몰입을 위해서는 뇌의 작동원리를 정확하게 알고, 보다 효율적인 방식을 택해야 한다.

새로운 정보를 머릿속에 집어넣는 행위를 기억이라고 한다. 기억은 단기기억Short-Term Memory과 장기기억Long-Term Memory으로 나누어진다. 단기기억은 몇십 초 내외로 습득한 정보를 망각하는 반면에, 장기기억의 공간으로 들어간 정보는 평생이 지나도 까먹지 않는다. 이때 해마가 단기기억에 머무는 정보를 장기기억으로 만들어 주는 역할을 하는데, 해마는 사람이 자거나 휴식을 취할 때 뇌에 입력된 정보들을 정리해 준다. 기상 이후 새로운 정보를 입력하면 해마가 정리를 다하기 전에 이를 망각할 우려가 있다. 따라서 머릿속에 무언가를 집어넣는 때는 잠을 자거나 휴식을 취하기 전 시간처럼 해마가 기억을 정리해 주는 때에 근접한 시간, 일반적으로는 '취침 전'이 좋다. 즉 내가 아침에 일어나서 공부를 하며 성취감을 맛보기보다는, 자기 전에 새로운 내용들을 공부하고 자는 동안 해마로 하여금 그 새로운 지식들을 정리할 시간을 주는 것이 훨씬 더 효율적이다.

'죽은 시간'에는 몰입할 수 없다

학생들을 지도하거나 강연을 하다 보면, 이제 막 공부나 자기계발을 시작해서 의지는 가득한데 시간 활용(언제 몰입해야 하는가)을 잘 못해서 인지적 비용을 낭비하는 경우들을 많이 본다. 이런 분들은 자투리 시간도 허투루 쓰지 않고, 거의 모든 시간을 투자하고자 한다. 그래서 일찍 일이 끝나거나 갑작스럽게 일정이 바뀌어 예상치 못한 시간이 남는 상황에서도 열정적으로 해야 할 일을 찾고 행한다. 그런데 생각보다 몰입이 잘 되지 않는다고 토로한다. 분명히 의지도 있고, 시간도 낭비하지 않는데 성취감이 느껴지지 않고 아쉬운 느낌이 든다고 한다.

문제를 해결할 때에는 내가 무의식적으로 사용하는 단어나 개념부터 점검하는 것이 좋다.[15] 자투리란 옷감을 통째로 한 필씩 팔지 않고 그 일부를 자로 재어 끊어서 팔다가 '팔지 못하고 남는 것'을 의미한다. 즉 옷감을 사는 사람은 자로 끊었을 때 '일정 단위' 이상이 되는 정도를 원하는데, 그에 미치지 못하여 그 사람에게는 팔 수 없다는 말이다. 앞서 뇌라는 고객에게 매력적인 일을 파는 것이 몰입이라고 정의를 내렸다. 뇌가 어떤 일을 할 때는 일정 시간이 필요한데, 그에 미치지 못하는 나머지 시간들이 자투리 시간인 것이다. 당연한 얘기를 하는가 싶겠지만, 포인트는 내가 일정한 길이로 끊어 팔면 어느 정도의 옷감이 남을지 처음부터 어느 정도 예측할 수 있어야 그 남은 시간을 활용할 수 있다. 아무런 계획이나 예측 없이 마음 내키는 대로 시간을 쓴 다음, 남은 시간이 생겼을 때 되어서야 계획 세우고 의지를 가다듬어도 이미 몰입은 중단된 이후다. 이때의 자투리 시간은 활용할 수 있는 시간이라고 볼 수 없다. 이 예상치 못한 시간은 이미 죽은 시간이라고 해도 과언이 아니다. 계획 없이는 뇌에게 무언가를 팔 수도 없고 몰입도 불가능하기 때문이다. 따라서 계획에 따라 남긴 '살아 있는 시간'과 '죽은 시간'을 구별해야 한다.

자투리 시간에는 새로운 무언가를 하려 하기보다는 오히려 휴식을 취하는 편이 낫다. 다음 몰입을 위한 재충전과 준비 시간을 갖는 것이 정신적 육체적으로 훨씬 바람직하다. 준비되지 않은 비장함과 열정은 무리와 소진만 불러올 뿐이다. 게다가 어설프게 성취감을 채우면 '해방 효과'로 인해 다시 몰입 상태로 돌아가기 어려워진다.

3上과 3B에서 창의적인 일을 해야 하는 이유

시간 활용에 대한 또 다른 이야기를 나눠보자. 아침에 일어나 샤워할 때, 출근이나 등하교할 때, 하루를 마무리하고 잠자리에 누워 있을 때를 생각해 보자. 이때 목표 달성을 위한 특정 수행을 할 수는 없기에, 누군가는 이 시간 역시 죽은 시간이 아니냐 할 수 있다. 그런데 이 시간을 잘 활용하면 창의가 빛을 발하는 때로 만들 수 있다. 바로 사색을 통해 새로운 아이디어를 내는 것이다. 이에 대해 오래전부터 동서양 모두 생각이 같다. 고대 중국의 당나라와 송나라 시절에 뛰어난 문장가 여덟 명이 있었다. 이를 '당송팔대가唐宋八大家'라 불렀는데, 이 중 한 명인 송나라의 구양수歐陽脩는 사색하고 무언가를 깨닫기 좋은 곳으로 '침대 위(침상枕上)' '교통수단(마상馬上)', '화장실(측상廁上)'을 꼽았다. 서양 경영학에서는 이에 대응하는 것으로 3B라고 하여 'Bed(침대)', 'Bus(버스)', 'Bathroom(샤워실)'을 든다.

한 가지 의문이 든다. 왜 하필 3上이고 3B일까? 다른 곳에서는 왜 새로운 아이디어가 튀어나오기는 어려울까? 왜 잔뜩 긴장해서 집중을 요하는 책상 앞이나 일터가 아니라, 느슨한 공간이나 긴장이 풀어지는 시간 속에서 창의성이 발휘되고 몰입이 된다는 걸까?

답은 뇌의 '세타파theta wave'에 있다. 세타파는 졸릴 때처럼 몸이 이완된 상태에서 방출이 되는데, 세타파가 방출되면 보다 창의적이고 자유로운 생각이나 통찰을 할 수 있게 된다. 상식적으로 생각해 봐도 강제적으로 짜내 창의성을 발휘하기란 어려울 것이다. 3上이나 3B에서는 뇌에서 세타파가 방출되기 쉽기 때문에 창의적인 일에 몰입하기가 쉽다. 따라서 이런 장소들에서는 새로운 지식을 머리에 입력하거나 기존에 했던 것들을 떠올리기보다는 새로운 것을 구상하거나 기획하고 아이디어를 떠올리거나 어려운 문제를 푸는 등 창의적 활동을 배치하는 것이 더욱 적합하다. 나도 공부할 때 어렵고 이해가 안 되는 개념이나 문제를 보면, 팔짱을 끼고 천장을 올려다보면서 의자를 앞뒤로 흔들며 편안하게 생각하려 노력했다. 신기하게도 걷는 동안이나(수험생에게는 걷는 순간이 바로 교통수단을 활용하는 순간과 같다) 공부하다 잠시 화장실을 가거나 커피 한 잔 할 때 어려운 문제들이 해결된 적이 한두 번이 아니다.

한편 세타파가 방출될 때는 긴장도나 각성도가 낮아져 몸이 이완된다. 세타파가 방출될 때 창의성을 발휘해 문제를 해결한 적 있는 사람들은 이를 역으로 이용하기도 한다. 창의성을 발휘해야 할 때 몸을 이완시키고 그 결과 졸음이 찾아오더라도, 그 상태를 적극 활용해 자신의 난제를 해결하는 것이다. 다시 말해 이들은 자신에게 필요한 신체 상태가 무엇인지 알고, 세타파가 나올 수 있도록 이완하는 등으로 자신의 상태를 조절한다.

다만 이런 경우와 애초에 몰입하여 졸린 경우는 구별해야 한다. 기존의 풀이법을 조합하거나 응용하여 어려운 문제를 풀 때, 새로운 기획안을 만드는 등으로 창의성을 발휘해야 하는 때에 졸음이 동반되는 경우가 있다. 창의적인 문제를 해결하기 위해서는 뇌에서 세타파가 나와야 한다. 세파타가 나오면 졸음을 느끼게 된다(그래서 세타파는 졸음파라고 부르기도 한다. 정확한 이름은 서파수면파). 즉 창의성을 발휘해야 하는 순간에 무의식적으로 내 몸을 창의적인 상태로 튜닝을 하게 되는 것이다.

이때는 억지로 졸음을 거부하며 잠을 깨우지 말고, 세타파가 나오고 있다는 사실을 인지한 채로 머릿속으로는 고민거리와 풀리지 않는 문제를 붙들고 있도록 노력하자. 만약 그게 힘들다면 샤워를 하거나 산책하며 몸의 이완은 유지한 채로 그 문제를 머리로 붙들고 계속해서 고민해 보자. 당장은 답이 나오지 않는다 해도 그런 순간들이 쌓이면서 새로운 문이 열린 듯 문제가 해결되는 경험을 할 것이다. 그리고 그 순간들을 이완되고 완화된 또 다른 형태의 몰입으로 받아들일 수 있다. 결국 내 몸의 다양한 상태들을 몰입을 위해 활용하고 통제할 수 있게 될 것이다.

이러한 형태의 몰입은 특히 수학과 같이 기존지(예제, 유제, 기본문제에 대한 접근법)를 바탕으로 창의를 발휘해야 하는 경우에 특히 유용하다. 이와 관련하여 꼭 지켜야 할 것이 있다. 창의를 위해서는 기존지를 머릿속에 넣어둬야 한다. 가끔 수학이나 더 넓게 수능이 이해력과 창의력, 사고력이 중요하다는 점을 강조해 기존지를 습득(암기)을 도외시하는 경우가 있는데, 기존지 습득은 기본이다. 기존지를 확실하게 탄탄하게 머릿속에 집어넣지 않은 사람이 창의를 발휘할 확률은 0퍼센트다. 왜 수학의 기본적 해설을 모두 외워야 하는지, 수능에서도 마찬가지로 암기가 압도적으로 중요한지 이해가 될 것이다.

- ★ **새로운 지식을 뇌에 입력한 후에는 '해마'가 지식을 정리할 수 있도록 일정 시간 텀을 가질 것.**
- ★ **매일 복습을 하지 말 것.**
- ★ **새로운 정보나 지식을 입력하는 일은 반드시 자기 전에 끝낼 것.**
- ★ **의도하지 않은 자투리 시간에는 휴식을 취하고, 대신 이후의 계획을 조밀하게 수정할 것.**

7 몰입의 수단을 선택할 때 뇌가 저지르는 실수들

사소한 차이에 목숨을 거는 뇌

사소한 것에 목숨을 걸지 말라는 말이 있다. 그런데 목표 수행을 위해 다양한 수단과 도구를 선택하는 데 있어서 뇌는 실로 사소함에 목숨 걸 때가 많다.

요즘은 자기계발이나 공부를 할 때, '강의'를 듣지 않으면 목표 달성은 거의 어렵다고 생각한다. '강의'라는 도구를 선택함으로써 좀 더 수월하게 공부 또는 자기계발에 몰두하겠다는 것인데, 많은 사람들이 이 강의를 선택하는 데 있어 대단히 사소한

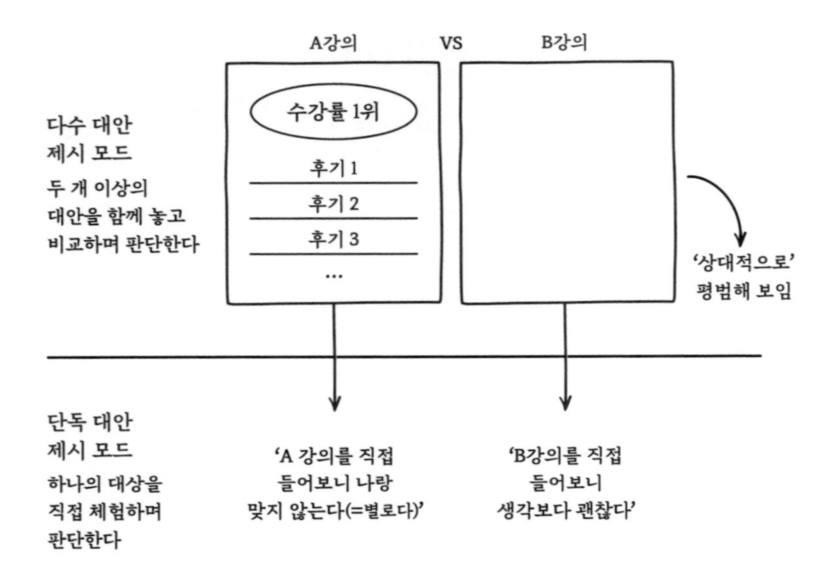

이유를 들곤 한다. '유명한 사람의 강의라고 해서', '1위 강의여서', '사람들이 제일 많이 듣는 강의라고 해서', '강사 이력이 화려해서' 등의 이유로 강의를 선택하고 들으면, 실망하고 환불받을 가능성이 크다. 또다시 커뮤니티를 헤매며 내게 맞는 강의를 찾게 되는 것이다.

강의를 선택할 때 중요한 것은 강사의 설명, 그 설명의 깊이, 강의 난이도, 발음과 전달력이다. 명성이나 순위 등은 크게 의미가 없다. 엄연히 따지면 강의는 일대일을 상대로 하는 콘텐츠로 나와 맞는 것이 가장 중요하다. 그런데도 우리는 왜 그 사소한 명성과 순위 등에 집착하는 걸까? 왜 우리는 우리의 인지적 비용을 내게 맞지 않는 강의를 선택함으로써 낭비하고, 몰입을, 목표를 위한 수행을 지연하는 걸까?

수행 도구를 선택하는 방법

뇌는 두 가지 이상을 비교할 때와 그 하나만을 놓고 판단할 때 각각 다르게 사고한다. 두 가지 이상을 함께 놓고 비교할 때는 서로 간의 관계 속에서 여러 요소들을 비교한다. 뇌는 특히 쉽게 이해되고 비교우위가 금세 파악되는 것에 끌리는데, 가장 대표적인 예시가 1등', '1타', '1위'와 같은 숫자다. 반면 하나만 놓고 판단할 때는 완전히 다르게 사고한다. 강의나 교재 같은 수행 도구를 선택하는 상황으로 설명하자면, 내가 선택한 도구가 내게 실제로 도움을 줄 것인지 직접 체험하며 판단하게 된다.

두 개 이상의 것을 동시에 비교하는 상황을 '다수 대안 제시 모드Joint Evaluation Mode'라고 하고[16], 하나의 대상을 직접 체험하며 평가하는 것을 '단독 대안 제시 모드Separate Evaluation Mode'라고 하는데[17], 이처럼 뇌는 수행 전 여러 도구들 중 하나를 선택할 때와 실제 수행하면서 택한 도구를 판단할 때 완전히 다른 모드의 판단 방식을 사용하므로 위와 같은 판단 오류가 발생하곤 한다.

그렇다면 수행 도구를 선택하는 단계에서 오류를 줄이고 적절한 선택을 하려면 어떻게 해야 할까? 가장 효과적인 방법은 시간을 들여 간접적인 체험을 하는 것이다. 바로 체험 수기나 후기 확인하기다. 선택지 하나하나 체험해 보는 건 현실적으로 불가능하므로 위와 같이 시도하길 권한다. 요즘에는 후기도 마케팅 일환으로 활용되는 일이 많으므로 실제 후기인지, 홍보용 후기인지 주의하며 확인해야 한다.

후기 등을 확인해서도 둘 이상의 선택지가 남았다면, '최신', '인기', '추천', 'BEST'와 같은 눈에 띄게 강조된 항목이나 상대적으로 더 돋보이게 설계된 표현들은 의도적으로 배제하고, 하나하나 뜯어보며 개별적으로 비교평가해 본다. 강의 미리보기를 꼼꼼히 살펴보거나 공개된 커리큘럼을 찬찬히 들여다보고 챕터별로 어떤 도움을 얻을 수 있을지 등을 매우 구체적으로 상상하며 검토한다.

당장은 이런 방식이 인지적 비용을 더 많이 들이고 시간과 에너지를 크게 소비하는 것처럼 느낄 수 있지만, 장기적으로 보면 그렇지 않다. 잘못된 수단 또는 도구를 선택함으로써 그간 쏟은 인지적 비용도 모두 무가치해지고 몰입 자체도 불가능해지는 상황에 비해서는 낭비하는 인지적 비용의 총량이 훨씬 적기에 반드시 거쳐야 할 중요한 과정이라고 볼 수 있다.

호기심은 생기지만
선택은 못하게 되는 경우

최근에 지도했던 한 학생이 있다. 이 학생은 공부법에 대한 열의가 어마어마해서 내가 올린 공부법 영상들을 모조리 섭렵하고, 그것을 활자화하여 체계적으로 정리까지 했다. 심지어 내가 운영하는 카페에서 사람들이 공부법을 물어보면, 이 학생이 모조리 답변을 달아주었는데 그 정확도가 마치 내가 직접 답을 하는 것과 같은 정도의 수준이어서 매우 놀란 적이 있다. 나는 이 학생의 가장 큰 장점이 분석력이 아니라 수집력과 정리력이라고 생각했다. 별도로 분석할 필요가 없을 정도로 너무도 완벽하게 체계적으로 수집하고 다듬어 정리하는 능력이 탁월했기 때문이다.

그런데 이 학생을 가르치는 일은 학생이 가진 능력과는 별개로 쉽지 않았다. 무엇보다도 공부에 몰입을 잘하지 못하고 계획 단계에서 주춤거리는 경우가 많았다. 학생이 세운 계획을 보니, 그대로 따라 하기만 하면 원하는 목표를 충분히 달성할 수 있음은 물론이요, 내가 따로 지도하지 않아도 자연스럽게 성과를 거둘 수 있을 정도로 매우 구체적이고 체계적이었다. 그런데 왜 이 학생은 자신이 세운 그 치밀한 계획을 온전히 실행에 옮기지 못했던 것일까?

스물네 종류의 잼을 파는 가게와 여섯 종류의 잼을 파는 가게가 있다고 가정해 보자. 앞의 가게는 60퍼센트의 손님이 모이고, 뒤의 가게는 40퍼센트의 손님이 모인다. 그런데 정작 앞 가게에서는 구매로 이어지는 비율이 3퍼센트밖에 되지 않고, 뒤의 가게에서는 30퍼센트의 손님이 구매를 한다. 이 학생이 처해 있던 상황은 바로 스물네 종류의 잼을 가진 가게와 같았다. 이 학생은 완벽한 계획을 세우려는 욕심에 과목마다, 시기마다 너무도 많은 선택지를 두고 고민했다. 가능한 모든 공부법을 생각하고, 비교하고, 검토했다. 하지만 정작 뇌라는 손님은 그 선택지 중 어느 하나도 구입해 주지는 않았다. '선택지 과잉Choice Overload' 상황이었다.[18]

이 학생은 합격(목표)를 위해 공부에 몰입해야 했는데, 그 수단이자 도구인 공부법 자체에 관심이 많아지면서 무의식적으로 선택지(수행 방법)를 늘리는 것에 몰두하게 되었다. 다양한 선택지가 있으면 최적의 수단을 선택할 확률이 높아지고, 그 결과 더 효율적으로 몰입하고 수행할 수 있으리라 생각했기 때문이겠지만, 앞서 보았듯 뇌는 그런 상황에서는 선택 장애를 일으킨다.

이런 경우에는 현재 가능한 범위에서 최대한 다양한 수단을 수집한 후에 곧바로 자신의 직관과 감성적 판단을 믿고, 그중에서 가장 현실적이고 목표 달성에 도움이 되는 것을 선택한다. 이후 실행 과정에서 수시로 피드백을 하며 계획 자체의 수정이나 변경 여부를 결정한다. 이 방법이 인지적 자원의 낭비를 막을 수 있다. 지나치게 많은 수단들을 모으고 분석하는 데에만 치중하면, 선택장애가 생겨 몰입을 시작할 수조차 없음을 명심하자.

안전한 선택은 과연 최고의 선택일까

여러 가지 선택지가 주어졌을 때 극단적인 것을 피하고 중간 정도의 안전한 선택을 하는 '극단회피 경향Extremeness Aversion'의 사람이 있다('타협 효과Compromise Effect'라고 표현하기도 한다).[19] 예를 들어 내가 중국집에서 밥을 사는 상황을 상상해 보자. 메뉴를 고를 때 대부분 가장 비싼 코스요리나 가장 저렴한 요리 대신에 중간 정도의 코스요리를 선택한다. 이러한 경향은 특히 이익을 추구하기보다는 위험을 피하려는 성향이 강한 사람들에게 두드러진다. 이런 사람들은 선택할 때 위험과 최악 상황을 예방하는 데(예방 목표Prevention Goal) 중점을 둔다.[20]

반면에 다른 선택지보다 확실하게 우위에 있는 선택지를 고르려는 사람도 있다. 이는 구조상 우월한 것을 선택하도록 유도되었다고 하여 '유인 효과Attraction Effect'라고 한다.[21] 이러한 경향의 사람들은 위험회피보다 이익 추구를 우선시하며(향상 목표Promotion Goal) 선택한다.

요컨대 리스크를 감수하는 것도 마다하지 않고 이익을 얻길 바라는 진취적인 성향을 지닌 사람은 선택지가 극단적이라고 하더라도 그것을 선택한다. 하지만 이익이 없어도 되니 손실이나 위험이 생기지 않길 바라는 성향을 지닌 사람은 극단적인 선택지는 피하고 절충안을 택한다. 즉 몰입을 위한 수단을 선택할 때, 소수의 사람들이 듣는 강의나 매우 독특한 자료로 수업하는 강의라도 그 사람이 가진 성향이나 목표에 부합하면 선택할 수 있다.

선택하는 사람이 어떤 성향이나 목표를 가졌는지는 그 사람의 성격이나 성장 환경, 처한 상황 등 다양한 요소들을 고려해서 판단해야겠지만, 그 사람이 어떤 일을 하는지에 따라 큼직하게 분별할 수 있다. 예를 들어 수험생의 경우에는 대부분 가능한 많은 문제를 풀고 싶다는 목표를 갖고 있다. 즉 모르는 문제가 많이 나오는 상황(위험)을 피하고 싶다는 목표에 따라 극단적인 강의는 피하는 것이다. 반면에 주식투자자는 리스크를 감수하더라도 손실이 생긴 주식을 처분하지 않고, 이익을 본 주식을 처분하는 경우가 많다.

이러한 보편적 경향에 따른 판단은 간편하지만 종종 불합리한 결과를 불러오기도 한다. 강의나 교재, 책을 선택할 경우, 실제 내게 맞는 것이 있음에도 안전해 보이는 선택이 따로 있다는 이유로 어중간한 것을 선택하거나, 거꾸로 보편적이고 평범한 선택이 내게 맞음에도 호기심이 인다는 이유로 극단적인 수단을 선택할 때도 있다. 이때는 선택하고자 하는 수단을 면밀하게 분석해야 한다. 그 수단이 정말 내게 적합한지, 그 수단을 선택했을 때 얻을 수 있는 이득은 얼마나 되는지, 반면에 그 수단을 선택했을 때 발생하는 위험은 어느 정도인지, 포기한 다른 수단과의 관계보다 이익과 위험의 크기가 큰지 작은지 등을 모두 고려해서 최종적인 결정을 내려야 한다. 다시 한 번 강조하지만 빠르게 사고하는 것보다 느리고 이성적인 사고에 따라 판단하는 게 매우 중요하다. 그래야 뇌로 옳은 판단을 할 수가 있다.

나는 고시생 시절 법학과에서 사법시험 응시에 필요한 필수 학점을 땄을 때를 제외하고는 혼자 힘으로 공부했는데, 남들이 전혀 보지 않는 책들로만 공부했다. 일부러 남들과 달라지기 위해 그런 선택을 한 것이 아니라, 면밀한 분석을 통해 그것이 최적의 수단이라고 확신했기 때문이다. 반면 현재 회사를 경영하는 입장에서는 극단적인 선택보다는 안전하고 보수적인 선택을 하는 편이다. 내 과감한 모험으로 인해 회사가 망하고 직원들이 직장을 잃는 위험이 모험을 통해 얻을 것보다 훨씬 중대하고 크다고 생각했기 때문이다.

이런 과정을 거치지 않고 대뜸 어림짐작으로 수단을 선택하는 경우에는, 그 수단이 내게 맞는 것이라고 하여도 중간중간 불쑥 솟아오르는 불안감을 통제할 길이 없어 도무지 현재 해야 할 일에 몰입할 수 없게 된다.

마음속에만 존재하는 이상한 계산기

내가 자주 가는 양꼬치집이 있다. 이 양꼬치집은 단품으로 마파두부도 팔면서, 이상하게 양꼬치를 시킬 때마다 마파두부를 서비스로 준다. 이 양꼬치집은 다른 곳보다 가격이 천 원에서 2천 원 정도 더 높은 편이다. 양꼬치집에 오는 손님들을 보면 대부분 3~4인분 정도를 시킨다. 그 값의 합에서 다른 양꼬치집의 가격을 빼면 결국 마파두부 단품값 정도가 나온다. 그런데 신기하게도 매번 그 집에 가면 선물을 받은 것 같은 기분이다. 양꼬치만 시켰을 뿐인데 환하게 웃는 얼굴로 마파두부를 서비스로 내어주시는 사장님을 볼 때면 왠지 기분이 좋아진다.

따지고 보면 이곳에 방문할 때마다 나는 양꼬치값만 내는 게 아니라 마파두부값도 같이 내고 있고, 원하지 않는 마파두부까지 돈을 내고 먹는 꼴인데, 왜 자꾸 그 가게를 방문하는 걸까?

이처럼 이득과 손실의 감정에 따라 객관적 가치를 달리 파악하는 것을 '심적 회계Mental Accounting'라고 한다.[22] 객관적인 셈법과 마음속의 셈법이 다르다는 의미다.

심적 회계를 통해 이상한 계산을 하게 만드는 원인에는 네 가지가 있다. 첫째, 이득이 나누어 제시된 경우다. 감정은 강도보다는 빈도에 더 영향을 받기 때문에 이득이 나누어져 제시되면 더 크게 느껴진다. 둘째, 손실이 합쳐서 제시된 경우이다. 손실은 횟수를 줄이는 게 전체적으로 덜 고통스럽기 때문이다. 셋째, 이득과 손실을 합친 결과가 이득이 될 때, 이를 합쳐 제시한 경우다. 별도로 손실을 느낄 수 없도록 한 것이다. 넷째, 이득과 손실을 합친 결과 손실이 될 때, 이득을 별도로 제시한 경우다. 이 경우 손실의 감정이 작은 이득으로 인해 회복되는 듯한 느낌을 받는다. 수행 도구를 선택할 때는 네 번째 원인에 의한 오판을 경계해야 한다. 요즘 특히 고가의 강의나 커리큘럼을 판매하면서 그 지출로 인한 고통을 일시적으로 마비시키기 위해, 가격에 포함되어 있는 물건이나 콘텐츠를 무료인 양 제공하는 경우가 굉장히 많다. 앞서 내가 겪은 사례도 여기에 해당한다. 이런 비합리적인 이유로 수행 수단이나 도구를 선택해서는 안 된다.

'적중률 100퍼센트'의 진짜 의미

600명이 죽을 수 있는 전염병이 창궐했다고 가정해 보자. 전염병 예방을 위한 2가지 정책이 있다. 하나는 200명을 살릴 수 있는 A정책이고, 다른 하나는 600명 모두를 살릴 확률이 33퍼센트, 단 한 명도 살릴 수 없는 확률이 66퍼센트인 B정책이다. 당신은 어떤 정책을 선택하겠는가?

사람들 대부분은 A정책을 선택한다. 그런데 계산해 보면 A정책과 B정책 모두 생존자 수가 200명으로 동일하다. 이처럼 같은 현상도 어떤 색안경(틀)을 쓰고 보느냐에 따라 그 의미를 다르게 받아들일 수 있는데, 이를 '프레이밍 효과Framing Effect'라고 한다.[23]

성인 수험생을 대상으로 한 강의 중에는 '적중률 100퍼센트'와 같은 광고 문구를 쓰는 경우가 많다. 적중률이 100퍼센트는 도대체 무슨 의미일까? 시험을 출제하는 제도 구조상 학원에서 제작한 책에서 모든 문제가 출제되는 일은 있을 수 없다. 그런데 어떻게 저런 표현을 사용하는 것일까?

적중률이 100퍼센트라는 말은, 시험에 나올 수 있는 모든 문제를 학원에서 만든 교재에 실었다는 의미다. 그래서 시험 문제에 대한 학원 교재의 적중률이 100퍼센트가 되는 것이다. 본래는 교재 양을 훨씬 더 적게 만들 수 있음에도 학원에서는 '내가 공부하지 않은 곳에서 출제가 될 수 있다'라는 수험생들의 불안을 잠재우기 위해 모든 문제를 빠짐없이 다 실은 것이다. 그런데 애초에 성인 시험 중에 100점 만점을 받아야 하는 시험은 존재하지 않는다. 즉 모든 시험 문제가 실린 책으로 공부하는 것이 시험 전략에는 효율적이지 않다. 이러한 관점에서는 저 문구는 '(시험에 꼭 필요한 내용은 아니지만 당신이 불안해할까 봐 모든 것을 다 넣었습니다. 그래서) 적중률 100퍼센트'라고 읽을 수 있다.

효율성과 안정성 중에 무엇을 선택할지는 수험생 본인의 자유다. 다만 보고 싶은 대로만 보는 건 아닌지 하는 염려가 된다.

다른 시각으로 보면 충분히 달리 볼 수 있고, 그 결과에 따라 목표를 향한 수행과 몰입에 다른 영향을 미칠 수 있다. 이 사실을 간과하는 잘못을 범해서는 안 된다.

바람직해 보이려는 욕심에서 벗어날 것

미라클 모닝을 많이 들어보았을 것이다. 새벽 4시나 5시 같은 이른 시간에 기상을 해 하루를 시작한다. 미라클 모닝이 유행할 때면 나도 한 번씩 시도해 보는데, 그때마다 내게 찾아오는 변화라고는 눈과 머리에 극심한 고통뿐이었다. 세상 모든 사람이 새벽 4~5시에 하루를 시작하는 생체리듬을 가지고 있지는 않을 것이다. 많은 사람들이 나와 같은 증상을 호소하면서도 미라클 모닝에 열성을 다한다. 그렇게 살지 않으면 안 될 것 같고, 조금이라도 열심히 사는 사람처럼 보여야 하는 압박을 받는 것일까?

모든 사람들이 다 그렇지는 않겠지만, 미라클 모닝이 자신에게는 맞지 않으면서도 마지못해 참여하는 사람들이 있다. 이 중에는 앞서 설명한 사회적 소망성 편향을 지닌 사람들도 있을 것이다.[24]

수험생의 경우는 정도가 더 심하다. 특별히 어떤 강의가 내게 어떻게 도움이 되는지, 강의를 어떻게 활용하고, 어떻게 공부할지는 전혀 생각한 바 없이 학원 커리큘럼을 빠짐없이 소화하려 노력한다. 게다가 생활습관도 천편일률적이다. 아침에 일찍 일어나 독서실이나 스터디 카페를 가지 않으면 마치 하루를 망친 양 자책하는 일도 허다하다.

이런 경우 특별한 개인적 이유 없이 사회적 소망성 편향의 발로라면 반드시 현재의 상황을 재고해 보기를 권한다. 그렇지 않으면 인생의 가장 중요한 시기의 몰입을 낭비할 수 있다.

- ★ **수행 수단을 선택할 때에는 서로 다른 것을 상호 비교하며 판단할 것.**
- ★ **선택지는 합리적인 범위 내로 그 수를 줄일 것.**
- ★ **비이성적인 이익&손실 계산에 따라 수행 수단을 선택하지 말 것.**
- ★ **상투적이고 자극적인 홍보 문구는 다른 시각으로 볼 것.**
- ★ **다른 사람들의 시선을 의식하여 비이성적인 판단을 하지 말 것.**

8

완벽한 계획을 버려야 하는 이유

현대 사회는 'VUCA'의 시대로 불린다(변동성Volatile, 불확실성Uncertainty, 복잡성Complexity, 모호성Ambiguity을 줄인 말). 변동성이 크고, 불확실하고, 복잡하고, 모호한 세상 속에서 실수 하나 없는 무결성無缺性을 추구하는 것은 스스로나 타인에게 지나친 부담을 떠안기고 의욕을 저해시키는 넌센스다. 뿐만 아니라 내가 모든 것을 통제할 수 있다는 지나친 만용蠻勇일지도 모른다.

물론 완벽을 추구하는 사람의 마음은 십분 이해한다. 그러한 경지를 추구함으로써 보다 높은 수준의 결과를 만들 수 있고, 완벽한 계획 안에서 낭비 없는 몰입을 이룰 수 있다고 믿기 때문일 것이다. 내가 가르쳤던 한 학생은 지도 과정에서 A4 용지 여서일곱 장 분량의 질문을 소논문 형식으로 작성해 왔다. 공부에 있어 모든 과정이 완벽해야 한다는 강박 때문이었으리라 추측이 되는데, 질문에 질문이 꼬리를 물고 그 과정에서 다시 질문들을 체계적으로 정리하는 데 모든 인지적 비용을 쓰는 모습을 보면서 과연 저 상태에서 정작 해야 할 일에 몰입할 수 있을지 크게 걱정했던 기억이 있다.

완벽이라는 경지에 도달할 수 있다면, 이보다 더 좋은 결과는 없을 것이다. 하지만 완벽을 달성하기 위해서는 내가 모든 상황을 예견하고 그에 대응할 수 있어야 한다. 단적으로 어떠한 불운조차도 찾아와서도 안 되고, 그 가능성까지 통제할 수 있어야 한다. 그러나 운은 우리가 예견하거나 통제할 수 있는 것이 아니다. 이처럼 내 힘으로 이룰 수 없는 결과를 내가 예측하고 통제할 수 있다는 착각 속에서 무언가를 하다가 그 착각이 깨지면 몰입도 완전히 박살난다. 완벽함보다는 '내가 할 수 있고 통제할 수 있는 만큼의 분량' 완수를 목표로 삼아보자.

다시 출발점으로 : 이성·감성의 균형과 몰입

그렇다면 세상은 예정조화적이라기보다는 VUCA이므로 천천히 논리적으로 생각하는 건 의미 없는 일일까? 지금까지 빠르고 직관적인 사고, 어림짐작으로 생각하는 것에서 벗어나 논리적이고 이성적으로 생각할 것을 강조해 왔는데, 그렇다면 직관적이고 감성적인 판단은 아무짝에 쓸모가 없는 것인가? 대체 몰입을 위해서는 감성 또는 직관에 따른 판단과 이성 또는 논리에 따른 판단 중 무엇을 중시해야 하는 것인가?

뇌를 상대로 마케팅 계획을 세우는 단계에서는, 원점으로 돌아가 정반합의 원리에 따른 결론을 내려야 한다. 이성과 논리에 따라 예측이 가능한 범위에서는 가능한 모든 요소를 고려하여 치밀하게 계획하되, 고민의 시한을 정하고 시한이 넘어서면 바로 실행에 옮긴다. 그때그때 발생하는 위험이나 상황 변화에는 감성과 직관을 이용한 판단으로 순발력 있게 대응해야 한다.[25] 즉 몰입을 위해 계획을 세우는 단계에서는 언제나 이성과 논리로 모든 것을 예측하고 계산하려 하지 말고, 일정한 부분에서는 감성과 직관이라는 보이지 않는 손의 도움을 받는 방식으로 양자를 절충하고 조화시켜야 한다. 이를 통해 몰입의 질을 높일 수 있는 효율적인 실행계획을 수립하고 다듬어 갈 수 있다.

또한 이 과정에서 당장 도움이 될지, 안 될지 모르는 수단을 발견했다면, 일단 이를 수집하고 이후에 그 쓰임새를 제대로 파악한다. 목표 달성에 도움이 된다면 본래의 용도가 아니어도 쓰임새 있게 사용할 줄 아는 지혜도 발휘할 줄 알아야 한다. 이 역시 직관과 감성에 따른 판단의 결과다.[26] 수많은 강의나 책, 커뮤니티, 블로그, 유튜브를 통해 다양한 콘텐츠가 쏟아져나오는 세상이다. 직관적으로 도움이 되지 않는 것이라도 별도의 북마크를 만들어 정리해 두거나 메모 등을 활용하여 수집해 둔다. '개똥도 약에 쓰려면 없다'라는 말처럼 정작 필요한 순간에는 찾아 쓰기가 쉽지 않기 때문이다.

이성과 감성을 조화시키는 방식의 계획은 실행하는 과정에서 성취가 발생하고, 그로 인해 뇌의 보상 회로가 작동한다. 그리고 그것은 다음의 실행과 성취를 위한 새로운 동력이 되어 점차 나를 몰입의 상태로 이끌어 줄 것이다.

J가 아니라서 계획이 어렵다는 헛소리

내가 강연할 때마다 거의 반드시 듣는 질문이 있다. 바로 '저는 (MBTI 유형이) P라서 계획을 잘 세우지 못하는데 어떡하는 게 좋을까요?'라는 질문이다.

MBTI 유형 검사는 검사 응시자가 갖고 있던 검사 당시까지의 생각, 과거의 판단 기준에 의해 답한 것을 토대로 한다. 다시 말해, 유형 결과는 모두 '과거'에 근거한다는 것이다. 때문에 MBTI 유형으로 앞으로의 미래를 예측하고 단정할 수 없다.

자신이 특정 유형에 속한다고 말하면서, 그 유형의 특성에 매몰돼 변화를 시도하지 않고 안주하려는 경우를 많이 봐왔다. 나는 개인의 발전을 위해서는 전혀 도움이 되지 않는 것이라 생각한다. 누군가는 MBTI를 설득력 있게 자신의 생각과 행동을 설명해줄 이론, 내지는 대변할 수 있는 명분으로 여기겠지만, 그저 게으름에 대한 핑계일 뿐이고, 더 과격하게 말하면 헛소리라고 본다. 앞서 설명한 현상 유지 편향에 따라 직관적으로 판단하고, 편하게 살고자 하는 생각을 뒷받침하기 위해 MBTI라는 그럴싸한 도구를 동원하고 있을 뿐이다.

내 삶은 오직 내 선택으로 만들어진다. 내가 지금 어떤 유형에 속해 있든, 무언가를 해내기로 했다면 그에 맞는 생각과 선택, 행동을 하면 된다.

계획도 그러하다. '완벽'보다는 (애초에 계획을 완벽하게 세운다는 게 불가능하다고 보지만), 또는 아무런 계획 없이 즉흥적으로 해나가기보다는 나의 최선 안에서 해내고자 하는 것에 몰입하면 되는 것이다.

- ★ **'완벽'이 아니라 '할 수 있고 통제 가능한 분량'을 계획할 것.**
- ★ **이성에 따라 계획을 세우되, 감성을 통해 돌발상황과 변수에 대처할 것.**

2단계

충동과 불안, 방해 요소 컨트롤하기

1 몰입의 적, 충동

몰입은 충동과의 경쟁에서 이기는 것

사람들은 대부분 몰입이나 집중이라는 개념을 이해하지 못하거나 구체적인 방법을 몰라서 몰입에 실패하는 게 아니다. 오히려 몰입하려는 의지도 있고, 몰입해 본 경험이 있다. 사람들은 자꾸 머릿속으로 오늘 공부 끝나고 뭘 할지, 일 끝나고 누구를 만날지, 얼마 전에 시작한 드라마 등 잡생각을 어떻게 없앨지를 생각하면서 자신의 인지적 비용을 엉뚱한 곳에 쏟아부어 몰입에 실패한다.

이는 충동衝動이라는 마음이 만들어 낸 매력적인 상품들 때문에 생긴 결과다. 뇌의 구매 이력을 살펴보면 충동이 만들어 낸 상품을 구입하는 일은 대단히 많다. 어떤 경우는 진정으로 몰입해야 하는 일보다 압도적으로 더 많기도 하다. 드물긴 하지만 '충동' 제품만 구입하는 일도 있다(이런 경우, 진득하게 자신이 해야 할 일을 하지 못하고, 그때그때 산만하고 어수선하게 구는 행동 때문에 스스로 '나는 집중력이 매우 낮다'거나 '나는 ADHD일 거야' 하며 오해하고, 몰입 불가능한 사람이라 자체 판단을 내리기도 한다).

몰입은 충동만 잘 제어해도 획기적으로 수월해진다. 충동과의 경쟁에서 지지만 않으면, 지금까지 설명한 동기부여나 계획 방법, 앞으로 이야기할 몰입 유지를 위한 방법까지 무리 없이 진행할 수 있다. 어떻게 보면 몰입을 위한 주된 과제는 강력한 경쟁자인 '충동'을 어떻게 제압하고 인지적 자원을 어떻게 독점할 것인지에 달려 있다고도 할 수 있다.

본능과 이성

충동은 '충돌로 인한 (마음의) 움직임'을 줄인 말로, 순간적으로 어떤 행동을 하고 싶은 욕구를 발동시키는 자극에 의해 마음을 움직였다고 볼 수 있다. 충동은 크게 두 가지, 내 마음에 충격을 주는 어떤 원인과 그로 인해 움직이는 내 마음으로 나눌 수 있다.

충	동
충격의 원인	(내 마음이) 움직임

사람의 마음도 본능과 이성으로 나누어진다. 사람을 포함한 모든 동물은 유전자의 명령이나 본능에 따라 움직인다. 다만 사람은 본능만으로 움직이는 존재는 아니다. 동물과 사람의 결정적 차이는 지적 능력, 즉 이성에 있다. 세계적 명저인《이기적 유전자》의 저자 리처드 도킨스Richard Dawkins는 인간만이 유전자라는 본능의 명령을 거스르는 지적 능력을 갖추었다고 말하기도 했다.[1] 그런데 충동 시의 '내 마음'은 이성이 아니다. '충동적으로 이성적인 행동을 했다'는 말이 되지 않기 때문이다. 이때의 마음은 본능을 의미한다.

사람의 심리는 본능과 이성으로 나뉘고 충동은 이성이 아니라 본능이 나타났을 때 작동된다. 충동을 컨트롤하기 어려운 이유가 여기에 있다. 본능이 이성보다 빠르게 우리 행동에 영향을 미치기 때문이다. 뜨거운 것을 만졌을 때를 생각해 보라. 뜨거운 것을 만졌을 때 우리는 가장 먼저 '(뜨거워서) 놀랐다'는 감정을 느낀다. 그다음 '(위험하니까) 뜨거운 것에서 손을 떼야 해'라는 본능적 사고를 하게 되고, '(화상 입지 않으려면) 찬물에 손을 담가야 해'라는 이성적 사고를 하게 된다. 즉 원인 → 감정 → 본능적 사고 → 이성적 사고의 순으로 상황이 진행되는 것이다.

원인	감정	사고
뜨거운 것	뜨거워서 놀랐다	(본능) 일단 손을 떼자 (이성) 그리고 찬물에 담그자

감정과 사고를 구분하라

충동에 사로잡히는 문제는 바로 감정과 사고, 본능과 이성을 잘 구별하지 못하는 데서 비롯된다. 감정에 따라 본능적으로 행동하고서도, 마치 분별 있는 사고 끝에 이성적으로 행동했다고 착각하기에 계속 충동적 행동을 하는 악순환에 벗어나지 못한다. 충동에 지지 않기 위해서는 어떤 원인으로 인해 어떤 감정이 발생했는지, 그런 상황에서 어떤 사고를 해야 바람직한지 따져 보고 구별할 줄 알아야 한다.

방법은 단순하다. 수행해야 할 일이 있는데 충동적으로 다른 일이 하고 싶다는 생각이 들 때, 종이를 꺼내 그때의 감정과 생각을 적는 것이다.

사람의 뇌, 그중 현재 벌어지고 있는 일을 처리하는 작업기억은 그 용량이 매우 작다. 그래서 머릿속에 여러 가지를 넣은 채 생각을 정리하는 일이 어렵다. 이때 작업기억의 용량을 크게 소모하지 않으면서 생각을 정리할 수 있는 방법이 바로 메모다. 메모를 통해 뇌를 확장할 수 있다. '유창성의 오류Fluency Fallacy'를 경계할 수 있다는 면에서도 메모는 중요하다. 유창성의 오류는 무언가를 머릿속에 떠올렸을 때 그 과정이 수월하게 떠오르고 뻔한 것처럼 느껴져, 나도 할 수 있을 것처럼 착각하는 것을 말한다. 이런 실수를 막을 수 있는 메모법을 다음에 설명할 것이다. 이후의 내용에서도 이 개념이 중요하게 다뤄지기에 여기서 꼭 한번 직접 써보길 바란다.

공부하는 중에 친구랑 나가 놀고 싶다는 충동이 들었다고 가정해 보자. 종이 하나를 꺼낸다. 가능하면 크기가 A4 용지 정도면 좋다. 가로가 길게 종이를 놓고 세로선 하나를 그어 반으로 나누자. 그다음 오른쪽 칸에 위아래를 나누는 가로선 하나를 긋는다. 맨 왼쪽 칸에는 '친구랑 나가 놀고 싶다고 생각한' 원인을 쓰고, 오른쪽 위 칸에는 원인 상황을 맞닥뜨린 때의 감정을, 오른쪽 아래 칸에는 '이런 감정의 상황에 어떻게 행동해야 좋을지'에 관한 생각을 적는다.

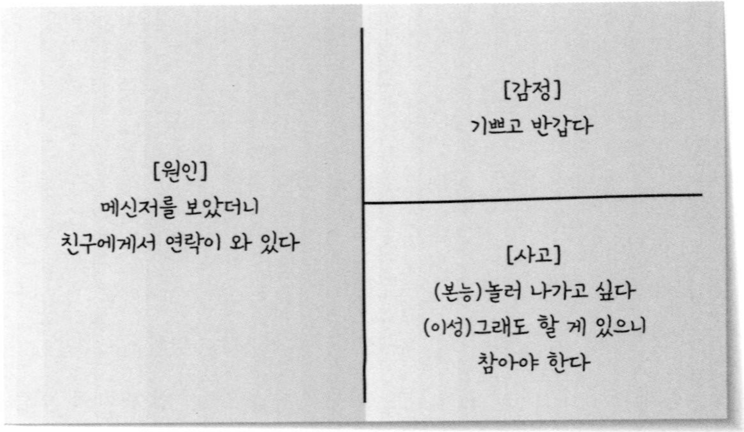

[원인]
메신저를 보았더니
친구에게서 연락이 와 있다

[감정]
기쁘고 반갑다

[사고]
(본능)놀러 나가고 싶다
(이성)그래도 할 게 있으니
참아야 한다

참고로 이렇게 본능에 의해 발동된 상황을 의식적으로 원인과 결과(감정/사고)를 나눠보는 것을 앞으로도 계속 이야기하게 될 것으므로, 이를 반드시 기억해 두길 바란다.

충동을 억제하는 두 가지 접근법

충동을 억제하는 두 가지 접근법을 소개한다. 하나는 원인 자체를 제거하는 방식이고, 다른 하나는 원인은 그대로 둔 채 결과를 제어하는 방식이다.

원인 자체를 제거하는 방식은 매우 강력하다. 그래서 이후에 같은 문제가 재발할 가능성을 없애준다. 앞선 예에서는 스마트폰 제거, 메신저 삭제, 메신저 서비스 탈퇴, 친구와의 절교가 이에 해당한다. 반면 결과를 제거하는 방식은 원인은 여전히 존재하기 때문에 같은 문제가 발생할 가능성이 남는다. 원인 제거 방식에 비하여 강력하지는 않지만, 상대적으로 수고가 적게 든다는 장점이 있다. 위의 예에서는 '친구와 놀고 싶다'는 사고 자체를 제거하는 것이 이에 해당한다.

언뜻 원인 자체를 제거하면 재발 가능성이 낮아져 효과적이라고 생각할 수도 있다. 하지만 실제 상황을 고려하면 그렇게 간단하지 않다. 예를 들어, 직장생활을 하는데 일만 하려고 하면 자꾸 커피를 마시자는 팀장님을 어떻게 해야 할까? 큰 힘이 되어주는 이성 친구이지만 공부를 해야 할 때는 데이트 시간이 적잖이 아깝게 느껴진다. 이때는 어떻게 해야 할까? 원인 제거 방식을 택할지, 결과 제거 방식을 택할지는 궁극적으로 개인의 성향과 다양한 사정을 모두 고려해서 결정해야 한다.

구체적으로는 이루고자 하는 목표가 내게 가져다줄 이익(원하는 시험에의 합격)과 그 과정에서 얻게 될 위험과 불이익(이성 친구와의 결별로 인한 타격), 포기해야 할 이익(원하는 자격·직업 대신 이성 친구와의 미래를 선택했을 때 얻을 행복)과 그것을 선택할 때 생길 위험이나 불이익(원하는 직업을 얻지 못할 때 생길 좌절감) 등을 모두 비교하여 어느 것이 자신에게 더 큰 가치를 가져다주는지, 내게 가장 적은 불이익이나 고통을 줄 것인지에 따라 결정해야 한다.

★ **충동에 사로잡히지 않기 위해서는 평소 어떤 일이 발생했을 때, 감정과 사고를 구별하는 연습을 할 것.**

2 충동과의 경쟁에서 이기는 법 1 : 원인 제거 방식

충동 자체를 통제하는 방법

충동에 노출되면 본능에 따라 비이성적인 판단을 할 가능성 높다. 그렇기에 충동을 느낄 수 있는 환경을 원천적으로 제거하거나 피하는 방식으로 충동을 통제한다. 대표적인 예를 살펴보자.

수험생이든 성인이든 공부하는 공간에 컴퓨터나 침대가 있으면 공부에 몰입하기 어렵다. 컴퓨터는 단순한 기계가 아니다. 게임기이자 넷플릭스 재생기이자 메신저 등 다양한 기능을 갖는 그야말로 몰입을 방해하는 것들의 집합체다. 공부 장소에는 공부를 위한 도구들만 존재하는 것이 바람직하다. 그게 어렵다면 내가 공부 도구들만 있는 장소로 움직여야 한다. 집 안의 다른 방이나 스터디 카페, 도서관 등 적절한 장소를 택해야 한다. 컴퓨터가 없는 장소로 움직인다고 하여 인강은 대체 어떻게 듣냐고 반문할지도 모르겠다. 컴퓨터로 인강을 들어야 한다면, 인강을 듣기 위한 프로그램이나 앱 이외는 모조리 지우자. 또는 컴퓨터 로그인 계정을 하나 더 만들어서 공부 전용 계정으로 사용한다. 인강 사이트 외에는 아무것도 실행이 되지 않도록 설정해 둔다.

뭐니뭐니해도 몰입의 가장 강력한 훼방꾼은 스마트폰이다. 공부하거나 일할 때는 가급적 스마트폰도 지정된 장소에 배치해 두고 절대 보지 않도록 한다. 전화 통화나 문자 등 연락을 위한 최소한도의 수단만 되는 2G폰 바꾸는 방법도 유효하다. 메신저나 SNS를 경계해야 함은 물론이다.

목표 달성을 향한 수행에 방해가 되는 인간관계도 정리의 대상이 될 수 있다. 공부하는 동안에는 친구를 만나지 않는 것이다. 가족이라고 해도 몰입에 방해가 되면 멀리해야 한다. 예를 들어 수험생은 하루가 멀다고 부부싸움을 하는 부모님과 함께 살면서 공부하기란 쉽지 않다. 그럴 때는 스터디 카페나 독서실 등을 이용한다.

한편 이와는 다른 접근이기는 하지만, 계획을 짜는 단계에서 충동이 개입할 여지가 없도록 촘촘하게 계획을 세우는 것도 몰입에 도움이 된다. 앞서 완벽한 계획은 없다고 했지만, 가능한 범위에서 행동들을 예상하고 빈틈없이 계획을 짜는 것이다. 계획대로만 움직이면, 충동이 나타날 가능성이 낮아진다.

'보상'과 '충족'으로 조절하라

충동의 원인 자체를 제거하는 방식은 매우 강력한 만큼 부작용도 적지 않다. 특히 피할 수 없는 욕구로 인하여 생긴 충동인 경우는 더욱 그러하다. 예를 들어 화장실이 급한 사람에게 참으라고 한다고 해서 효과적으로 충동이 억제될까? 그렇지 않을 것이다. 이런 경우에는 충동에 따르는 행동을 함으로써 그 충동 자체를 해소하는 방법이 더욱 적절하다. 게다가 이때 충동을 충족하는 행동을 잘 활용하면 수행 완수를 촉진하는 일종의 보상으로 설정할 수 있다. 계획한 일을 제대로 수행했을 때, 충동에 따르는 행동을 허락하는 것이다.

보상을 잘 이용하기 위해서는

충동을 따르는 행동을 일종의 보상으로 이용하기 위해서는 두 가지를 주의해야 한다. 첫째는 보상의 빈도다. 누군가에게 좋은 것을 계속 주면 어느 순간 '고마운 줄 모르는' 상황이 펼쳐진다고 하는 말을 떠올리면 이해가 가장 쉽다. '쾌락적 적응Heronic Adaptation'이라고, 사람은 자신이 느끼는 쾌락을 처음에는 큰 강도로 느끼지만 시간이 지날수록 그 쾌락에 적응하고 둔감해진다.[2] 내가 나에게 주는 보상에 대해서도 마찬가지다.

그렇다면 언제 보상 또는 쾌락에 적응하게 되는 것일까? 보상이 규칙적으로 자주 주어질 때, 우리는 '고마운 줄 모르게' 된다. 때문에 보상은 철저히 빈도를 조절하며 부여해야 한다. 구체적인 보상 빈도는 개인의 성격과 처한 상황, 보상 내용에 따라 달라질 수 있다. 다만 여기서 단순한 기준을 제시한다면, 일주일을 기준으로 1~2회 안으로 보상하는 것을 권한다. 3회 이상 보상하게 되면 일주일의 절반 정도나 보상하는 날이 되기에 보상의 희소성이 현저히 낮아진다.

둘째는 보상의 강도다. 자격증 취득을 위한 공부를 하는 사람이, 일주일 공부 분량을 끝낸 보상으로 '만화책 보며 쉬기'로 설정했다고 하자. 이때 어느 정도로 보상을 설정해야 적당할까? 일정 기간 안에 무언가에 몰두해 수행하기로 한 사람은 대부분 위와 같은 보상을 최소한으로 부여해야 한다고 생각한다. 보상으로 인해 몰입 상태가 깨질 수 있다고 생각하고, 보상을 누리는 것에 일종의 죄책감을 가지는 것이다.

그러나 자신이 생각하는 보상 강도보다는 더 강한 보상을 주는 것이 바람직하다. 공부를 멈추고 '만화책 보며 쉬기'를 한 시간 이상 하면 죄책감이 든다는 수험생이 많은데, 이 경우에는 오히려 세 시간 정도로 늘려 충분한 보상을 주는 것이 낫다. 당장은 두세 시간 더 공부하지 못해 손해 보는 것 같지만, 보상이 충분치 않으면 이후 몰입의 질을 떨어뜨릴 수 있다. 그보다는 당분간 만화책 생각이 나지 않을 정도로 보상하고 몰입의 질을 높이는 것이 더 바람직하다.

셋째는 보상 방법이다. 충동을 충족하는 방법이 아닌, 다른 보상 방법이 있다면 그 방법을 먼저 시도해야 한다. 예를 들어 일이나 공부를 하다가 자고 싶을 때가 있다. 이런 경우 대부분은 '딱 30분만 누워서 자겠다' 하며 잠을 청하지만, 실제로는 한 시간, 또는 그 이상 자게 된다. 그러면 흘러버린 시간을 한탄하며 괴로워한다. 스스로의 다짐이 지켜지는 경우를 좀처럼 보지 못했다. '피로함'이라는 원인을 조금이라도 제거할 수 있다면, 꼭 '침대에서의 취침'이 아니어도 무방하다. '앉은 자리에서 15분간 수면'이라든지 '따뜻한 물에 적신 수건으로 눈 찜질 하기'와 같이 충족감을 주는 수단을 먼저 시도해 보자.

삶의 기본적 욕구는 어떻게 다뤄야 할까

이 장에서는 충동으로 인한 욕구가 발생할 때 그것을 통제하는 방법에 대해 알아보았다. 그러나 한편으로 충동적인 욕구가 아니라 삶의 기본적인 욕구가 몰입을 방해하는 경우들이 있다. 대표적으로 휴식 욕구, 수면 욕구, 식욕이 이에 해당한다.

휴식 욕구를 살펴보자. 휴식은 몰입하는 데 있어 무엇보다 중요하다. 적절한 휴식과 재충전이 없다면, 몰입의 재료인 의욕이나 동기가 부족해질 뿐 아니라, 애초에 그러한 의욕이나 동기를 이끌어 낼 수 있는 체력도 확보할 수가 없다. 다만 몰입은 뇌의 작용이므로, 눈이 침침하거나 방광에 소변이 가득 찼다는 이유로 '휴식'을 취해서는 안 된다. 우리가 추구해야 하는 휴식은 뇌가 쉬는 '뇌의 휴식'이어야 한다. 눈이 침침해 마사지를 하거나 소변을 보고 싶어 화장실을 가는 것은 뇌가 아닌 신체의 다른 부분이 요구한 휴식이다. 따라서 이런 '가짜 휴식'을 취할 때는 뇌가 계속해서 몰입의 상태를 유지할 수 있게 해야 한다. 만약 화장실에 가고자 한다면, 공부하던 것을 빠르게 중간 정리한 후 머릿속에 담아갈 한 개, 오래 생각해도 잘 이해가 되지 않던 문장이나 단어, 공식 하나를 머리에 넣은 채로 계속 생각을 이어가는 것이다. '몸'만 화장실에 다녀온다는 느낌으로 말이다.

반면 정말로 뇌가 지쳐서 더 이상 머리가 돌아가지 않을 때는 '진짜 휴식'을 취해야 한다. 뇌로 하여금 몰입을 위한 인지적 비용을 보충할 시간을 마련해 주는 것이다. 이때는 잠시 음악을 듣거나 명상을 하거나 파워냅Power Nap을 취하며 적절한 휴식을 한다. 다만 이런 경우에도 책상이나 일터에서 너무 멀리 떨어지지 않도록 한다. 뇌가 본래 몰입하던 것 외의 욕구들에 끌려가버릴 가능성을 차단하기 위해서다.

식욕도 휴식 욕구와 마찬가지다. 무언가에 몰두해 수행하다가 식사할 경우, 뇌가 지치지 않았다면 '가짜 휴식'으로 간주하고, 뇌를 계속 몰입의 상태로 유지하도록 하자.

수면욕 역시 인간의 가장 기본적인 욕구 중 하나다. 몰입을 위해서는 적절한 체력이 뒷받침되어야 하고, 그래서 적절한 수면은 필수다. 특히 일정 기간 안에 목표 달성을 위해 노력하는 수험생이나 직장인들에게 질 좋은 몰입은 정말 중요하다. 그러나 지나친 수면으로 몰입 시간을 충분히 확보하지 못하거나, 식사 시간이나 수면 시간을 줄이지 않으면 목표를 달성하기 어려울 때는 적절하게 수면욕을 조절할 필요가 있다. 수면욕을 조절하라고 해서 잠을 안 자고 몰입하라는 의미는 아니다. 평소보다 적은 시간을 자도 충분히 수행 가능한지 확인해 보라는 뜻이다.

질 좋은 수면을 위해 지켜야 할 원칙

질 좋은 수면을 하기 위한 몇 가지 원칙을 소개한다.

첫째, 취침 세 시간 전에는 식사나 흡연, 음주를 하지 않는다. 이는 수면의 질을 현저하게 떨어뜨리는 대표적인 요소다.

둘째, 침대에서는 잠만 잔다. 침대는 어느새 많은 현대인들에게 스마트폰을 보기 위한 공간이 되어버린 것 같다. 하지만 스마트폰을 통해 정신이 각성되는 콘텐츠를 보면서 시간을 보낸다면 절대로 숙면을 취할 수 없다. 침대에서는 일기를 쓰거나 독서가 숙면에 훨씬 더 도움이 된다.

셋째, 잠은 '1시간 30분' 단위로 자는 것이 좋다. 가끔 오랜 시간을 잤는데도 온종일 멍하고 정신이 없는 것처럼 느껴질 때가 있지 않은가? 사람은 잠을 잘 때 얕은 수면에서 시작해서 점차 깊은 수면으로 들어갔다가 다시 얕은 수면으로 올라오는 것을 반복하는데, 깊은 수면 상태에서 잠이 깨면 이와 같은 현상이 생긴다. 따라서 잠은 얕은 수면 상태에서 깨는 것이 좋은데, 일반적으로는 렘수면과-비렘수면은 90분에서 120분 주기로 반복된다. 즉 렘수면을 하는 때가 1.5시간 주기로 반복된다면, 3시간(1.5×2), 4시간 30분(1.5×3), 6시간(1.5×4), 7시간 30분(1.5×5), 9시간(1.5×6)을 자는 것이 좋다. 그리고 최소한 3시간 이상은 자야 깊은 수면을 거치며 신체가 회복된다. 물론 이는 일반적인 연구 결과이므로 스스로에게 맞는 수면 사이클을 찾는 것이 더 바람직하다. 내 경우는 1.8시간(1시간 48분) 단위로 잘 때 상쾌함을 느낀다.

넷째, 수면 시간은 몸에 무리가 되지 않도록 조금씩 줄여가는 게 좋다.

다섯째, 기상 후에도 계속해서 피곤함과 수면욕을 느낀다면,

다시 잠자리에 드는 것이 아니라 앉은 자리에서 15~30분 정도 짧은 수면을 취한다.

★ **충동을 일으킬 법한 물건, 장소, 인간관계는 없애거나 멀리할 것.**
★ **충동을 제어하는 '보상'은 확실한 만족감을 줄 수 있게 높은 강도로 줄 것.**
★ **뇌가 피로해 쉬고 싶다는 충동이 들 때는 앉은 자리에서 간단한 행동(명상, 음악감상 등)으로 대처할 것.**
★ **수면 충동으로 방해받지 않게 평소 수면을 관리할 것.**

3

충동과의 경쟁에서 이기는 법 2 : 결과 제거 방식

본능적 사고를 완화시키는 두 가지 방법

이번에는 원인은 그대로 둔 채, 그로 인하여 발생하는 결과를 완화시키는 방법에 대해 알아본다. 가장 먼저 본능적인 사고를 억제하는 방법이다. 이에는 두 가지 방법이 있다.

첫째는 본능적인 판단을 할 거라 예상되는 순간에 곧바로 결정하고 행동하는 것이 아니라, 일단 결정을 멈추고 본능에 따라 행동하는 것이 옳은지 생각할 시간을 갖는 것이다. 이를 '의사결정의 연기Postponement'라고 한다.[3] 예를 들어 공부나 일을 하다가 쉬고 싶고, 동료나 친구와 잡담을 하고 싶다면 바로 판단하여 행동하지 말고, 잠시 멈추어 결정한다. 사수나 선배, 친구에게 결정이 적절한지를 물어보면서 다음 행동을 선택하는 것도 방법이다. 포인트는 타인에게 조언을 구하고 그에 따라 행동하는 것이 아니라, 잠시 멈추어 본능에 따라 행동하지 않을 시간을 버는 것이다. 그리고 바로 행동하지 않기 위한 스스로와의 약속을 만든다. 예를 들어 '○○할 때는 10초간 생각한 후에 행동하자'와 같은 메시지를 써서 책상 앞에 붙여둔다.

둘째는 주의를 분산시켜 충동에 따른 본능적 사고를 할 수 없게 한다. '주의 분산Distraction'이라는 방법으로, 뇌가 관심을 갖지 못하게 하는 것이다.[4] 예를 들어 일을 하다가 저녁에 약속을 잡고 지인들과 놀고 싶어질 때면 의도적으로 일과 관련된 것이나 저녁 약속 이외의 것을 생각한다. 이를 통해 뇌가 의식적으로 본능적인 사고로 몰입하지 않게 만들 수 있다.

이성적 사고를 강화시키는 다섯 가지 방법

앞서 본능적인 사고를 완화시키는 방법에 대해 알아보았다. 이제 본능적인 사고는 그대로 둔 채, 이성적인 사고를 강화시켜 충동을 억제하는 방법에 대해 살펴본다. 크게 다섯 가지가 있고,

본능에 따른 사고의 결과가 어느 정도의 불이익을 가져다주는지를 생각해 보는 것과 나 스스로 마음을 움직일 수 있는, 더 높은 가치에 의지를 하는 것을 기준한다.

첫째, 충동적으로 본능에 따른 행동을 했을 때 발생할 불이익이나 얻지 못할 이익을 구체적으로 생각하며 장래에 후회하거나 죄의식을 갖는 모습을 상상해 본다Regret and Guilt.[5] 예를 들어 지금 공부하지 않고 놀면 나중에 시험에 떨어져 후회하고, 천벌을 받는다는 식으로 생각한다. 그런 다음 부모님 사진을 보며 마음을 다잡는 것이다.

둘째, 불이익을 경제적인 비용으로 바꾸어 계산하는 방식Economic Cost Assessment이다.[6] 불이익도 어느 순간이 지나면 더 이상 구체적인 불이익으로 느껴지지 않게 되는데, 수치화된 것은 직관적으로 명확하게 불이익을 파악할 수 있다. 이를 이용하는 것이다. 예를 들어 공부를 하지 않아 원하는 대학에 가지 못해 재수를 하는 경우 어느 정도의 비용이 드는지를 계산해 본다. 생활비를 한 달에 최소 50만 원으로만 잡아도 600만 원이 든다. 현재 공부를 하지 않고 노는 것의 값어치가 600만 원의 손실이라고 생각해 보는 것이다.

셋째, 그러한 행동 하나하나가 주는 불이익을 개별적으로 판단하지 않고, 장래까지 지속되는 것을 합쳐서 계산하는 방식Bundling of Costs이다.[7] 예를 들어 지금 공부를 하지 않고 두 시간을 논다고 했을 때, 오늘 하루를 기준으로 하면 단지 두 시간을 노는 것이지만, 1년을 계산하면 730시간이 된다. 하루에 두 시간만 놀자는 마음과 730시간 공부를 포기한다는 마음은 스스로에게 다가오는 압박감에서 큰 차이가 난다.

넷째, 충동을 이성으로 억누르면 고통이 발생한다. 현재의 고통에만 포커스를 맞추지 말고, 그 고통을 감내할 때 얻을 수 있는 이익도 함께 생각한다.[8] 예를 들어, 지금 공부가 너무도 고통스럽지만, 원하는 대학에 가거나 자격증을 땄을 때를 상상하며 어떤 행복이 찾아올지를 구체적으로 생각해 본다.

다섯째, 내가 가진 이성으로는 충동이 억제되지 않을 때가 있다. 내 이성보다 훨씬 높은 권위나 가치를 가지는 존재에게 충동을 억제할 수 있게 도와달라고 한다Higher Authority.[9] 예를 들어, 놀고 싶은 생각이 들 때 교회나 성당, 절 같은 곳에 가서 공부하게 해달라고 기도하는 것이다.

- ★ **충동이 든 순간에는 즉각적인 의사결정을 하지 말 것.**
- ★ **충동 행동을 했을 때 어떤 불이익이 발생할지 떠올리고 기록해 볼 것.**
- ★ **충동을 이겨내고 이성적을 행동했을 때의 이익을 구체적으로 가시화해 볼 것.**
- ★ **충동 행동을 했을 때와 하지 않을 때 얻는 결과를 경제적 또는 시간적 비용으로 환산해 생각해 볼 것.**

4 몰입의 방해꾼, 불안

불안한 상태에서는 온전히 몰입할 수 없다

몰입을 방해하는 대표적인 것으로 불안도 빼놓을 수 없다. 물론 불안이 언제나 몰입을 방해하는 것은 아니다. 뒤에서 자세히 다룰 테지만, 적절한 해석을 통해 몰입에 도움이 되는 불안으로 바꿀 수 있다. 그러나 그것은 전문가의 도움을 받거나 관련 이론을 알고 있는 등 극히 일부에 해당한다. 대부분은 불안함 때문에 몰입 상태에 이르거나 몰입을 유지하기 어려워한다.

특히 수험생의 경우에는 크게 두 가지 불안 때문에 몰입에 실패한다. 하나는 시험장에서의 불안이다. 시험장에서는 온전히 시험 그 자체에 몰입을 해야만 그간의 노력을 결과로 바꿀 수 있다. 그런데 시험을 못 치면 어떡하지 하는 걱정부터 어려운 문제가 나왔을 때 떨리는 몸, 귀까지 들려오는 심장박동 소리까지 시험장에서의 불안 때문에 본래 실력을 발휘하지 못하는 경우가 매우 많다. 다른 하나는 시험 전부터의 불안이다. 막상 시험장에 가서 결전을 치러야 할 때는 문제가 없는데, 시험 수개월 동안 불안감 때문에 공부 수행에 몰입하지 못하고, 심한 경우 시험을 포기한다.

불안을 호소하는 사람은 대부분이 수험생들일 것 같지만, 실제로는 직장인을 비롯하여 사회생활을 하거나 가사노동을 하는 경우까지 매우 광범하다. 언젠가 강연장에서 만난 한 직장인이 사내에서 정기적으로 프레젠테이션을 하는 업무를 맡게 되었다고 했다. 그는 몇 주에 한 번 또는 한 달에 한 번 찾아오는 그 시간이 너무도 두려워서 회사 다니는 것이 고민이 될 정도라고 했다. 그 업무를 맡기 전에는 회사 생활에 아무 문제도 없었고, 주어지는 업무도 즐겁게 해냈다. 그런데 새로운 업무로 인해 불안감을 크게 느끼게 되면서, 일에 몰입하며 느끼던 행복 모두를 잃어버리게 됐다. 시험을 준비하는 사람도 아닌 분이 어떻게 제 공부법 강의에 오게 됐는지 물었더니, 강연 잘하는 법과 불안을 다스리고 떨지 않는 방법을 꼭 묻고 싶어서였다고 했다.

인지불안과 신체불안

몰입에 이르고, 이를 유지하기 위해서는 불안을 적절히 다스릴 줄 알아야 한다. 해소법으로 두 가지를 소개한다. 본인이 가진 불안이 어느 쪽에 맞는지 가늠하고 적용해 보길 바란다.

불안의 첫 번째 종류는 '인지불안cognitive anxiety'이다. 불안하면 심장박동이 빨라지거나 혈색이 붉어지는 등의 신체적 변화가 아니라, 머릿속이 불안으로 가득한 경우를 의미한다. 인지불안은 미래에 대한 과도한 걱정이나 부정적 예측을 할 때 발생한다. '정서불안'이라고도 하는데, '(과한) 걱정'이라 이해해도 크게 틀리지 않다. 불안의 두 번째 종류는 '신체불안somatic anxiety'이다. 불안하면 식은땀이 나거나 호흡이 곤란해지고 소화가 잘 안되는 등의 신체적 증상이 나타나는 경우다. 신체불안은 어떤 상황에 닥쳐 생긴 감정이나 생각으로 인해 교감신경계가 흥분하여 나타나는 현상이다. 보통 '스트레스'라고 한다.[10]

인지불안은 신체불안에 비해 더 빨리 나타나고, 별다른 완화 연습을 하지 않으면 비슷한 정도로 지속된다. 그리고 불안을 일으키는 원인이 소멸되었다고 느껴야만 그제야 불안이 감소한다. 예를 들어 시험을 치기 몇 주 전 또는 몇 달 전부터 시험을 잘 칠 수 있을지 불안했는데, 시험장에 가서 문제를 풀면 비로소 불안이 사라지는 식이다. 반면 신체불안은 교감신경계의 작용에 의한 것으로 조건반사적으로 일어난다. 시험장에 도착해서 여기가 실전이 치러지는 곳이라고 인식하거나 어려운 문제를 발견하는 순간 불안이 발생하여 짧은 시간 내에 최고조에 달한다. 다만 신체불안은 오래가지는 않고 단시간 내에 사그라진다.

불안의 정도를 알아야 한다

당신은 정기검진을 받으러 병원에 갔다. 검사가 끝난 뒤 의사 선생님이 "간에 조금 문제가 있네요."라고 하면 기분이 어떨 것 같은가? 만약 당신이 사회생활을 하며 잦은 음주를 해왔던 사람이라면? 의사 선생님으로부터 그런 말을 들었다는 자체로 또 다른 불안이 찾아올 것이다. 그런데 이와 달리 "간수치가 조금 높은데 크게 걱정할 정도는 아닙니다."라는 말을 들으면 어떨까? 어느 정도 불안한 마음이 들겠지만, 앞선 상황과는 그 정도가 다를 것이다.

일상에서 우리는 자주 불안을 느낀다. 하지만 그 불안의 강도가 어느 정도인지 크게 생각하지 않는다. 그래서 크게 신경 쓰지 않아도 되는, 일상에 도움이 되는 불안도 부정적으로 여긴다. 반대로 일상생활에 지장을 초래하는 불안인데도 그 심각성을 인지하지 못하기도 한다. 이는 '내가 현재 불안을 느끼고 있다'는 사실과 '어느 정도로 불안한지'를 구분하지 않기 때문에 생기는 문제이다.

불안이 있다는 사실 그 자체와 그 불안의 정도 또는 강도가 어느 정도인지는 서로 구별해야 한다. 그런데 이 두 가지 불안 중 인지불안은 자신의 머릿속에만 있고, 신체적으로 어떠한 증상도 나타나지 않아 그 정도를 가늠하기 어렵다. 이때는 불안을 야기한 원인과, 그 원인이 객관적으로 타당한 것인지 비교 확인해 보면서, 또는 제3자를 통해 불안 정도를 확인해볼 수 있다. 하지만 신체불안, 즉 스트레스는 다음과 같은 방법을 통해 비교적 정확하게 측정할 수 있다.

스트레스를 측정법

첫째는 자가측정 방식이다. 스트레스의 정도를 스스로 수치화하여 표현하는 것이다. 내가 나의 스트레스 정도를 측정하는데, 어떻게 정확도가 높을까 하는 의문이 들 수 있지만, 미국에서의 연구 결과에 의하면 전문적인 제3자가 측정하는 것과 정확도 면에서 차이가 없다고 한다. 이러한 연구 결과를 바탕으로 한 스트레스 정도 측정법을 추천한다.[11] 바로 '스트레스 온도계'다. 자신의 스트레스 정도가 얼마인지 0~10까지의 점수로 매겨보는 것이다. 0은 스트레스가 아예 없는 상태이고, 1은 약간의 스트레스를 받는 상태, 5~6는 스트레스를 많이 받는 상태, 10은 참을 수 없을 정도로 엄청난 스트레스를 받는 상태다. 상사에게 질책을 받았을 때, 스트레스 정도가 3일 때와 스트레스 정도를 10이라고 측정했을 때는 해결책이 다를 수밖에 없다. 전자는 명상이나 호흡 등 세로토닌 분비를 높이는 것만으로도 어느 정도 해결이 되지만, 후자는 휴직이나 퇴사까지도 진지하게 고민을 해봐야 한다. 수험생의 경우에도 공부에 몰입이 잘 안되어 스트레스를 받는다고 토로하는 경우가 많은데 정도가 낮은 경우라면 그것은 오히려 공부에 도움이 되는 긴장 상태로 볼 수 있다.

두 번째 방식은 보조도구의 도움을 받는 것이다. 오우라링(수면측정 반지)이나 스마트워치 등의 도구를 활용하면 자신의 스트레스를 정확하고 간편하게 확인할 수 있고, 모니터링도 수시로 할 수 있다.

불안을 제압해야 하는 때가 따로 있다

불안 해소를 위해서는 언제부터 불안을 다스릴지, 그 시점도 중요하다.

불안을 야기하는 어떤 일이 있다고 하자. 이것을 간단히 '실전'이라고 지칭하자. 대개 불안은 실전 상황에 맞닥뜨렸을 때 크게 높아진다. 프레젠테이션을 하는 때, 시험을 치를 때가 대표적이고, (조금 더 범위를 좁혀) 시험장에서는 별문제 없는 듯했으나 막상 문제를 풀다가 어려운 문제가 나왔을 때를 생각할 수 있다. 한편 아직 실전일까지 시간이 한참 남았는데 오래 전부터 불안을 느끼는 경우가 있다(특히 걱정이 많은 사람들 또는 실패의 경험이 많은 사람들이나 정신적·신체적인 체력이 바닥이 난 사람들에게 많이 나타난다).

실전에서는 통상 신체불안과 인지불안이 동시에 발생해 문제가 된다. 그 외 특별한 경우를 제외하고는 일반적으로 문제가 되는 것은 인지불안이다. 그렇다면 실전일이 아직 멀었다고 하더라도, 인지불안을 느끼는 그 시점부터 불안 통제를 시도하는 것이 좋다. 신체불안은 인지불안이 하나의 원인으로 작용한다는 점에서도 인지불안을 먼저 통제해야 한다. 이전에 느끼는 인지불안을 해소하지 못하고 누적해가면 실전 상황에 더 큰 불안을 발생할 수 있다.

불안의 반복과 지속 정도에 따라 해결책이 달라진다

불안이 발생하는 원인이 얼마나 반복적인가에 따라 해결책도 달라져야 한다. 뉴스를 보다 보면 '재발 방지 대책'이라는 표현을 자주 접하는데, 딱 한 번 문제가 된 것과 자주 또는 지속적으로 발생하는 문제의 대책은 달라야 한다는 의미다.

오늘 보고 안 볼 사람 때문에 스트레스를 받았다면 다음을 대비하는 대응책을 세울 필요가 없다. 하지만 매주, 매월 초에 임원들 앞에서 프레젠테이션 발표나 중간·기말고사 시험 등 불안을 일으키는 일정한 원인이 있거나 일이나 학업, 인간관계로 받는 엄청난 스트레스처럼 원인이 내가 통제 가능한 환경과 상황 안에 존재할 때는 같은 스트레스가 발생했을 때를 대비해 적절한 대응책을 만들어 두어야 한다.

불안을 야기하는 상황을 세 가지로 나눌 수 있다. 첫째는 일회성의 '단기적인 불안'이고, 둘째는 일정한 주기를 두고 발생하는 '반복적인 불안', 셋째는 불안이 계속 발생하는 '지속적인 불안'이다.

★ **인지불안과 신체불안을 구별할 것.**
★ **스스로 스트레스를 측정할 때는 0~10 점수로 측정할 것.**
★ **스마트워치 등의 도구를 활용해 스트레스를 측정해 본다.**
★ **언제 불안이 생기는지, 어떤 빈도로 나타나는지 점검해 볼 것.**

5 불안이라는 훼방꾼을 떨쳐내는 법

불안의 종류, 정도, 발생 시기, 반복 여부 등을 고려하여 적절하게 대처할 수 있는 열 가지 무기를 소개한다.

첫 번째 무기 : 긍정적 자기암시법

단기적인 불안은 긍정적 자기암시법을 사용하면 효과를 볼 수 있다. 불안을 일으킨 원인이 일회성에 그치는 것이라면, 그 불안이 닥쳤을 때 긍정적인 생각을 하면서 이겨낼 수 있다. 다만 긍정적인 자기암시에도 '디테일'이 있다.

먼저 스스로 부정적인 상황을 이겨낼 수 있는 충분한 멘탈의 소유자거나 스트레스 정도가 낮아서 크게 신경 쓸 정도가 아니라면 10~20초 정도 불안을 해소할 수 있는 기분 좋은 일을 구체적으로 상상하라. 최근 들어 가장 행복했던 순간이나 즐거웠던 경험, 앞으로 하고 싶은 즐거운 일 등을 떠올려 본다. 상사에게 혼이 났다면 퇴근 후에 친구들과 먹을 저녁 식사를 머릿속에 미리 떠올려 본다. '행복 호르몬'으로 불리는 '세로토닌serotonin'의 분비가 촉진되어, 순간적인 불안을 떨쳐낼 수 있다.

만약 불안이 야기되는 상황을 예측하기는 해도, 막상 그 상황에서 긍정적 생각을 하기 어렵다면 다음 방법을 권한다. 스스로를 위로하는 문장이나 마음을 편안하게 해주는 조언을 미리 써두고, 불안 상황이 닥쳤을 때 꺼내 보는 것이다. 2020년도 대학수학능력시험 만점자는 매 교시 시험이 끝났을 때 불안을 느낄 것을 대비해 스스로에게 보내는 편지를 시간별로 준비했다고 한다. 그는 시험 시간이 끝날 때마다 그것을 읽어보며 마음을 다잡았고, 결국 수능 만점자가 되었다.

위기 상황에 대비해 평소 긍정적인 자기암시를 하는 방법도 있다. 스스로에게 상냥하고 긍정적인 말을 꾸준히 하는 것이다. 하루 중 누구와 가장 많이 대화하는가? 부모님이나 배우자? 친구 또는 이성 친구? 아니다. 우리가 가장 많이 대화하는 상대는 바로 나 자신이다. 내가 생각하고 판단하는 모든 순간은, 자신과의 대화를 통해 이루어진다. 만약 '과연 내가 이걸 할 수 있을까'라는 생각이 떠올랐다면, 내 마음속 또 다른 내가 '너는 어차피 해도 안 돼'라는 말을 건넨 것과 같다.

주변에 있는 수십 명의 사람으로부터 "너는 안 돼. 가능성이 없어."라는 말을 듣는다면 달성하고 싶은 목표에 온전히 몰입하기 어렵다. 부정적인 말에 나 자신 역시 생각을 지배당하기 때문이다. 이걸 스스로의 대화에 적용해도 마찬가지다. 내가 나에게 하는 말이 부정적이면 부정적인 수행과 결과를 불러온다. 그러므로 나 자신에게 하는 긍정적인 말과 자기암시가 중요하다.

다만 유의할 것이 있다. 긍정적 자기암시를 할 때 '부정의 부정'으로 표현하지 않도록 한다. 부정의 부정은 긍정이 아니다. '코끼리를 생각하지 마!'라고 하면 바로 코끼리가 생각나듯, 'No라고 생각하지 말자'라고 하면 이미 'No'라는 생각으로 머릿속이 지배당한다. 이럴 때는 애초에 '나는 할 수 있다', '목표에 집중하자'라고 생각하고 표현하고 말해야 한다.

두 번째 무기 : 분석 훈련과 통제가능성 판단

앞서 불안 정도를 스스로 측정하는 것이 중요하다고 강조했다. 그보다 더 앞서 자신이 느끼는 감정을 인식하고, 그 감정으로 인해 내가 어떤 사고를 하는지도 알아보았다. 이 두 가지가 선행되었다면 불안을 스스로 인식하고 분석할 수 있다.

불안의 원인은 나 자신 안에 존재한다. 외부가 아니라 내 마음에 있기 때문에 더욱 이것을 정확하게 인식하고 분석해야 제대로 된 해결책을 생각해 낼 수 있다. 불안의 원인이 일회성에 그치는 것이 아니라 반복되거나 지속될 때는 더 큰 의미를 갖는다.

불안을 분석하는 데 도움이 되는 표가 있다. 앞서 충동을 분석할 때 썼던 표와 동일하다. 상황을 원인과 결과로 나누고, 결과 부분을 다시 감정과 사고로, 사고 부분을 다시 본능과 이성으로 나누었던 표를 기억할 것이다. 설명을 위해 동료, 친구, 지인, 스터디원과의 관계로 스트레스를 받는 상황을 예로 들어본다.

<table>
<tr><td rowspan="2">[원인]
동료·친구·지인·스터디원과의
사이가 안 좋다.</td><td>[감정]
기분이 나쁘고 신경 쓰인다.</td></tr>
<tr><td>[사고]
(본능)얼굴도 보기 싫다.
(이성)나한테 대체 왜 그러는지
물어봐야겠다.</td></tr>
</table>

인지불안을 적절히 해소하기 위해서는 위 표의 사고 부분, 그중에서 '이성' 부분에 조금 더 집중해야 한다. 인지불안은 실제 사실과 다르게 받아들이고 평가하는 등 과도하게 걱정하는 경우에 발생한다. 즉 자신의 이성적 사고가 잘 이뤄지지 않는 데서 비롯된다. 따라서 이 부분을 집중적으로 점검하는 게 인지불안을 해소하는 가장 중요한 포인트다.

인지불안 분석에서 가장 먼저 해야 할 일은 현재 내게 닥친 불안의 원인을 스스로 통제하거나 변동시킬 수 있는지를 파악하는 것이다. 내 의지로 통제할 수 있는 원인을 발견했다면 적절한 노력을 통해 불안을 해소할 수 있다. 앞에서 표로 정리해 본 불안 원인을 하나의 예로 설명하자면, '반갑게 인사하기', '대화할 때 경청하기' 등을 시도하는 것이다. 그러나 노력과 의지만으로는 애초에 바꿀 수 없는 원인들도 있다. 예를 들어 시험까지의 남은 기간, 회사 폐업으로 일을 그만둬야 하는 상황과 같은 것이다. 이런 것들은 그냥 받아들여야 한다. 이때 내가 무언가를 바꾸려고 노력할수록 무기력이 증가하고 불안만 커진다.

세 번째 무기 : 데쓰 라이팅

종이에 불안을 유발하는 요소가 무엇인지를 적는 것만으로도 불안의 상당수가 해소된다. 불안의 가장 큰 원인이 내 머릿속의 사고인데, 그 사고 내용을 종이에 옮겨 적는 행위 자체로 그 사고를 머릿속에서 꺼내 나와 분리시키면서 머릿속을 말끔하게 만들 수 있기 때문이다.

보다 더 강력한 효과를 거두고 싶다면? 나를 둘러싼 상황을 재인식해 보는 시도가 필요하다. 이에 나는 '데쓰 라이팅Death Writing'를 추천한다. '내일 죽는다면 무엇을 하고 싶은지'를 주제로 글을 써보는 것이다(꼭 내일이 아니라 일주일, 한 달 뒤를 가정해도 좋다).

시험, 취업, 자격증, 여행, 프로젝트 등 새로운 무언가에 도전했을 때를 떠올려 보라. 우리는 도전을 시작했을 때는 그 일을 성공시켰을 때 얻을 성취가 대단히 달고 값질 것이라 여긴다. 그러나 막상 시작하면 성공할 수 있을지, 성공을 위한 수행을 잘해나갈 수 있는지 굉장한 불안감을 느낀다. 이때 불안을 해소하기 위해서는, 지금의 불안감이 내 인생 전체에 정말 대단히 영향을 주는 것인지 생각해봐야 한다. 그리고 불안을 견디고 도전 과정을 성공적으로 완수했을 때 얻을 이익, 그 이익이 내 인생에 어떤 의미와 가치를 가져다줄 수 있는지까지 떠올려야 한다.

데쓰 라이팅은 죽음이라는, 삶이 끝나는 상황 속에서 내 삶의 가치를 찾고 재정돈하며, 그 가치들의 크기를 직시하게 해준다. 스스로 중요하다고 생각하는 삶의 가치와 의미를 의식하면,

당장의 불안이나 스트레스는 내 인생에 그리 중요한 것도 아니고, 그렇기에 좌우될 필요가 없다고 인식할 수 있다. 나아가 내가 현재 살아 있다는 실감도 얻을 수 있다.

네 번째 무기 : 합리적 반문법

불안의 원인을 노력과 의지로 바꿀 수 있다고 판단되면, 그 원인이 반복되거나 지속되지 않게 해야 한다. 인지불안은 이미 가지고 있는 나의 인지에서 비롯된 것이므로, 세상과 사람, 사물에 대한 기존 인식을 바꾸는 노력이 필요하다. 그렇다면 도대체 무엇을, 어떻게 해야 할까?

불안을 야기하는 부정적인 생각은 의식하지 못하는 새 즉각 발생한다. 그리고 감정이나 본능의 영향을 받는 경우가 많다. 본능의 영향을 받기에 이때의 판단은 이성적이지 않고 비합리적인 결론으로 이어진다. 여기서 우리에게 필요한 방법을 짐작할 수 있다. 부정적인 생각을 머릿속에서 빼내고, 그것을 이성적이고 합리적인 사고로 제거하는 것이다. 바로 '합리적 반문법'이다. 스포츠 심리학에서는 'ASDR 훈련법'이라고 하는데, 현재의 문제 상황을 인지Aware하고, 본능에 따른 판단을 멈추고Stop, 부정적인 생각에 반박하고Dispute, 긍정적인 생각으로 대체Replace하는 것이다.[12]

빈 노트나 종이를 하나 준비한다. 노트나 종이 중간에 세로로 선을 두 개 그어서 세 칸으로 나눈다. 맨 왼쪽 부분에 현재 드는 부정적인 생각을 적는다(나는 왜 머리가 나빠서 공부를 못할까?). 가운데 칸에는 그 생각에 대한 합리적인 반론, 즉 이성적으로 생각할 때 그 생각이 왜 잘못되었는지를 적는다(성적은 머리가 아니라 방법과 노력의 영향이 훨씬 크대. 그리고 바꿀 수 없는 머리나 재능을 탓하면 오히려 성취도가 떨어진대). 이 반론에 대한 부정적인 생각이 또 든다면 왼쪽 칸 아래에 다시 적는다. 부정적인 생각과 긍정적인 생각을 서로 대비시켜 보는 것이다. 그리고 부정적 생각에 대한 재반론을 다시 오른쪽 아래에 적는다. 아래와 같은 그림이 될 것이다.

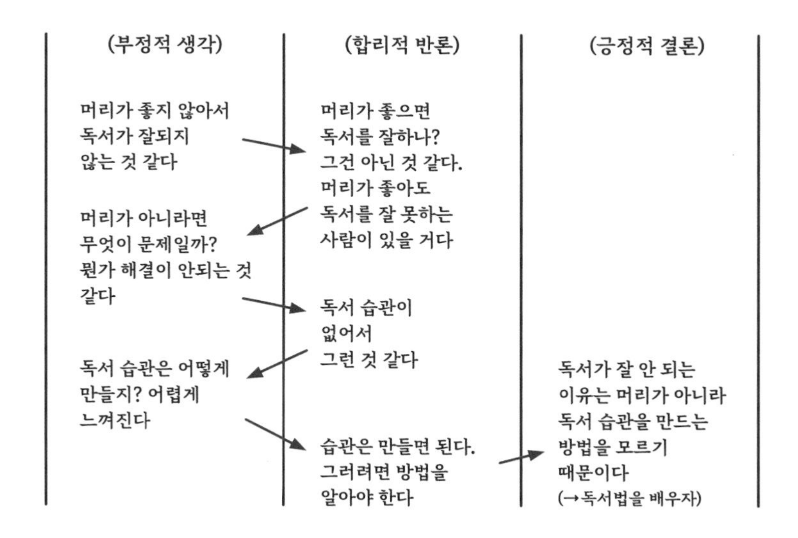

이런 과정을 거쳐 어느 정도 부정적인 감정이 누그러진다면, 눈을 감고 그 과정을 찬찬히 복기한다. 막히는 부분이 없는지, 또 다른 부정적인 생각이 생기지 않는지 차근히 되짚어 본다. 여러 번 이 과정을 거친 후 부정적인 생각이 완화되거나 제거되었다면, 가장 오른쪽 칸에 부정적 생각을 어떻게 바꾸면 좋을지 결론을 적는다(머리가 나쁜 게 객관적으로 증명된 것도 아니고, 그렇다고 해도 바꿀 수도 없으니 노력과 방법을 더 다듬자).

다섯 번째 무기 : 자기효능감을 높이는 긍정 사진첩

인지불안을 일으키는 원인 중 하나는 '내가 과연 할 수 있을까?'라는 부정적인 생각이다. 이는 단순히 부정적인 생각이나 자기비하에 그치는 것이 아니라 향후 내가 어떤 일을 함에 있어 그 일을 해내는 정도, 몰입의 정도에 영향을 미치는 심각한 것이다. 내가 무언가를 얼마나 해낼 수 있는지, 그 능력과 효용에 대한 신념을 '자기효능감Self-Efficacy'이라고 하는데, 이는 '사회학습 이론Social Learning Theory'으로 유명한 캐나다의 심리학자인 앨버트 반두라Albert Bandura가 제시한 개념이다.[13]

자기효능감을 높이는 방법에는 네 가지가 있다. 네 가지 방법 모두 스스로 또는 직·간접적으로 '나는 할 수 있다'라는 인식을 만든다. 이 중 두 가지는 나 자신에 대한 것이고, 다른 두 가지는 다른 사람과 관련이 있다.

1. 다른 사람으로부터의 영향

먼저 다른 사람과 관련된 것부터 살펴보자. 첫째는 다른 사람의 성공 스토리를 반복적으로 보면서 긍정적인 영향을 받는 것이다. 특히 비슷한 상황에 처해 있는 사람의 이야기는 자기효능감에 크게 영향을 준다. 그 사람을 보며 나도 할 수 있다는 자신감을 얻는다. 그래서 자기효능감이 부족하여 불안에 빠지는 학생들을 지도할 때면, 꼭 자신과 비슷한 상황에서 합격한 사람들이 수기를 찾아보라고 조언한다.

둘째는 내게 영향을 줄 수 있는 사람으로부터 긍정적인 말을 듣는 것이다. 긍정적인 말이라고 해서 칭찬을 가장 쉽게 떠올리겠지만, 뼈아픈 충고나 조언도 자기효능감을 높여주니 섣불리 걸러 들어서는 안 된다.

2. 내 안에서 찾기

나 자신과 관련된 것에는 무엇이 있을까? 첫째, 과거의 성공 경험을 떠올려 본다. 이는 아주 강력한 방법이다. 여기서 말하는 성공은 엄청난 것일 필요는 없다. 사소한 것도 좋고 어릴 적 경험도 좋다. 어떤 일을 했을 때 칭찬받은 경험, 그로 인해 잠깐이

나마 '할 수 있다'는 느낌을 받았던 것이라면 무엇이든 좋다.

둘째, 아직 자기효능감을 높일 정도의 성공 경험이 없거나 떠오르지 않는다면, 미래의 성공한 내 모습을 상상해 본다. 사람의 뇌는 무언가를 기억할 때 동영상이 아니라 사진의 형태로 저장한다. 그리고 어떤 일에 대한 기억을 떠올리려 머릿속의 사진첩을 열었을 때 인상적이었던 순간과 가장 최근 사진을 가장 먼저 떠올린다. 이를 '정점과 마무리의 법칙Peak & End Rule', 'P&E 법칙'이라고 한다.[14]

P&E 법칙을 적용해 미래 성공한 자기 모습을 사진처럼 기억하고 떠올리면, 자기효능감을 높일 수 있다.

당신의 미래를 한 장의 사진으로 떠올린다면 어떤 사진인가? 빛나는 기쁨, 찬란한 환희가 가득한 사진인가, 아니면 어둡고 침울하고 슬픈 사진인가. 나는 인생에 대한 책임을 온전히 다해, 미래 사진에는 행복과 즐거움이 가득하길 바란다. 이렇게 내가 내 미래를 어떻게 구상하는지가 자기효능감을 만드는 데 굉장히 유용하다. 성공 경험이 부족하거나 롤모델과 조언자가 없다고 해도 내 머릿속에 긍정적인 사진첩을 만듦으로써 내 할 일에 내 인생에 몰입할 수 있게 된다.

게다가 '내 머릿속 긍정 사진첩'은 정신적 체력적으로 어려운 상황에 더욱 큰 효과를 가져온다. 예를 들어 실전에서 '내가 과연 잘 해낼 수 있을까' 하는 의심이 들 때, 그 문제를 잘 해결하고 주변 소중한 사람들로부터 칭찬을 받는 장면을 생각해 보자. 올라간 입꼬리, 웃을 때 생기는 눈가 주름, 함박웃음 소리 등을 떠올리면 인지불안이 해소되는 경험을 할 수 있을 것이다.

여섯 번째 무기 : 몰입 분산 기술

나는 두 번의 수능을 망쳤다. 공부를 열심히 안 해서가 아니었다. 1교시 시험 시작 직후 엄청난 걱정과 불안이 갑자기 찾아왔고 곧 내 머릿속을 지배했다. 결국 정상적으로 시험을 칠 수가 없었다. 재수를 하고 친 두 번째 수능에서는 더 심했다. 수능 전날부터 불안으로 한숨도 잠을 잘 수 없었다. 가까스로 시험장에 도착해서는 심호흡하며 마음을 가다듬었지만, 어려운 문제를 보는 순간 몸이 굳으며 더 이상 문제를 풀지 못했다.

이러던 내가 어떻게 사법시험에서는 떨지 않고 합격할 수 있었을까? 이때도 굉장히 많이 떨었다. 불안은 여전했다. 다만 그때는 맞닥뜨린 불안을 내게 도움이 되는 방향으로 해석하고자 했다. 그 결과, 불안을 적절히 통제하게 됐고 시험도 무사히 치를 수 있었다.

이번에는 내가 이전에 겪었던 것처럼 시험장에 들어서면 눈앞이 노래지고 풀고 있는 문제에 모든 신경이 쏠려 지나치게 불안이 높아지는 경우의 해결책을 알아보기로 한다.

몰입 대상에 따른 네 가지 유형

우리가 무언가에 몰입할 때 그 대상은 크게 두 가지로 나눌 수 있다. 나 자신과 외부 상황이다. 그리고 그 대상을 바라볼 때, 현재 시점에만 포커스를 맞출 수도 있고, 미래에 포커스를 맞출 수도 있다. 몰입 대상에 따라 총 네 가지의 유형이 나온다. 문제 푸는 예를 계속 들어보자.

첫째는 '외부+현재 상황'이다. 시험장의 온도, 습도, 시계가 놓여 있는 위치, 경쟁자들, 감독관, 책상과 의자, 시험지, 볼펜 등 나를 둘러싼 현재의 모든 것들이 이에 해당한다.

둘째는 '내부+현재 상황'이다. 현재 주어진 외부 조건 속에서 내가 해야 할 행동이 이에 해당한다. 시험이라면 어떤 문제부터 풀지, 쉬운 문제와 어려운 문제를 어떻게 풀지 등의 전략과 매뉴얼이 이에 해당한다.

셋째는 '외부+미래 목표'다. '첫째 외부+현재 상황'에서 확인한 주어진 상황을 모두 고려하고, 그 상황이 바뀌는 어떤 행동을 하면 미래 목표를 달성할 수 있는지를 생각하는 것이다. 객관식 문제를 풀고 있다면 정답에 정확하게 '마킹'해야 한다고 떠올리는 것이 이에 해당한다.

넷째는 '내부+미래 목표'다. 앞서 본 '둘째 내부+현재 상황'의 전략과 메뉴얼을 그대로 수행했을 때 발생할 긍정적인 미래, 즉 목표가 달성된 상황을 떠올리는 것이 이에 해당한다.

실전에서 불안이 높아져 실패하는 경우는 몰입 대상을 나의 내면으로만 잡고, 그것을 부정적인 이미지로 채워 인지불안이 지나치게 높을 때다. 인지불안을 해소하기 위해서는 걱정에게 먹이를 주어서는 안 된다. 차분하게 심호흡하면서 '내부+미래 목표'에 쏠려 있는 나의 인지적 비용을 다른 곳으로 돌려본다. 인지적 비용이 나의 내면과 미래에 쏠리게 두면, 그것은 걱정으로 둔갑한다. 대상을 적절하게 바꿔줘야 한다.

현재 내게 주어진 상황과 나의 내면 상태에 집중하자. 특히 외부 상황을 먼저 재인식하고, 내가 현재 어떤 조건 속에서 실전을 치르고 있는지를 살펴본다. 나만 긴장하고 초조한 게 아니라 다른 경쟁자들도 나와 같다고 생각하면 도움이 된다. 상황에 대한 인식이 바뀌면 감정도 생각도 바뀌는데, 이러한 재인식을 토대로 목표를 달성할 수 있는 긍정적인 몰입을 만들자.

외부에 대한 재인식을 통해 긍정적인 사고를 만들었다면, 이제 내가 원하는 목표를 떠올려 본다. 멋지게 성공하는 이미지를 떠올린 후 그에 필요한 조건이 무엇인지 확인해 본다. 객관식은 아무리 어려워도 선지 하나만을 고르면 된다. 따라서 확률은 20퍼센트 또는 25퍼센트이다. 지나치게 긴장할 필요가 없다는 의미다. 이상을 요약하면 '현재의 내·외부 상황에 대한 몰입 → 미래 목표를 이루는 이미지를 떠올리는 데 몰입 → 현재 해야 할 객관적인 행동에 몰입'으로 정리할 수 있다.

일곱 번째 무기 : 신체불안 통제법

지금까지는 인지불안을 해소하는 방법에 대해 설명했다. 그런데 어떤 일을 마주했을 때 긴장이 되어 몸이 떨리고 심장박동 소리가 크게 들릴 때가 있다. 이는 문제 상황이 머릿속을 넘어 몸으로까지 번진 것으로, 신체불안 상태에 빠진 것이다.

신체불안은 인지불안과는 달리 교감신경의 작용으로 일어나는데, 문제 상황이 발생했을 때 곧바로 특정한 행동을 하는 것만으로 불안 제거 효과를 볼 수 있다.

교감신경과 부교감신경의 균형을 맞추는 세 가지 방법

신체불안은 교감신경의 문제이기에 해소 방법으로는 부교감신경을 활성화시켜 교감신경과 부교감신경의 균형을 맞춘다.

균형을 이루는 첫 번째 방법은 '명상'이다.[15] 명상은 부교감 신경을 활성화시킬 뿐 아니라, 사람에게 행복감 등 긍정적인 감정을 불러일으키는 '감마파gamma wave'를 발생시킨다고 한다. 명상에는 여러 방법이 있으나, 여기서는 메사추세츠대 의대

존 카밧진Jon Kabat-Zinn 교수팀이 개발한 이른바 '마음챙김 명상mindfulness'을 소개한다. 편한 자세로 앉은 후에 천천히 심호흡하며 몸을 이완시킨다. 몸이 편안해졌다고 느껴지면 이제 평소와 같이 호흡한다. 호흡 과정을 오롯이 느끼는 게 마음챙김의 핵심이다. 공기가 코를 통해 들어오는 느낌, 목을 지나는 느낌, 폐가 채워지는 느낌, 다시 숨이 빠져나가는 느낌 등 호흡 그 자체에 집중한다. 그리고 마음속에 어떤 생각이 떠오른다고 해서 그 생각에 집중하지 않고, 다시 내 호흡으로 돌아와 집중한다.

사실 이러한 마음챙김 명상은 실전에서 신체불안이 갑자기 찾아왔을 때 사용해 효과를 보는 데 적합한 방법은 아니다. 하버드대 심리학과 사라 라자Sara Lazar 교수팀은 짧게는 두 달에서 1년 정도 마음챙김 명상을 해야 우울감이 행복감으로 바뀐다는 연구 결과를 발표한 바 있는데[16], 이처럼 실전 상황일 때보다는 평소 수행하면서 신체불안을 겪을 때 활용하면 좋다.

두 번째 방법은 '심호흡'이다. 스탠퍼드대 의대의 스피겔David Spiegel 교수팀은 심호흡이 명상에 비해 더 큰 신체 안정 효과를 가져다준다는 연구 결과를 발표했다.[17] 이 연구에 의하면 특히 심호흡할 때 반드시 지켜야 할 것이 있다. 바로 들숨보다 날숨을 더 길고 천천히 뱉어야 한다. 날숨이 부교감 신경을 활성화시키는 작용을 하기 때문이다. 먼저 편안한 상태로 몸을 만든 후, 코로 숨을 크게 들이마신다. 그리고 이어 한 번 더 짧게 숨을 들이

마셔 폐를 부풀린 다음, 입으로 천천히 길게 내쉬면 된다. 내쉴 때는 제일 처음 들이마실 때 걸린 시간보다 두 배 더 오래 내쉬고, 이 심호흡은 약 5분간 반복한다. 이렇게 보면 심호흡이라기보다는 '심한숨법' 같다. 통상 힘든 일로 스트레스를 받으면 나도 모르게 한숨을 푹 내쉬는데, 그것도 신체가 나름대로 불안에 대처하기 위한 솔루션이라 생각한다.

실전에 돌입하거나 실전에서 어려운 문제에 부딪쳤을 때 갑작스럽게 발생한 신체불안에 대처하고 싶다면 다음과 같이 시도하길 권한다. 우선 당황하지 말고, 현재 내가 신체불안을 느끼고 있다는 사실을 인정하고, 앞서 설명한 '몰입 분산 기술'을 사용하여 심호흡을 한다. 과감하게 신체불안 해소를 위한 시간을 투자하라는 것인데, 이는 불안정한 상태에서 계속 실전에 임하면 '카타스트로피Catastrophe' 상태에 빠져 완전히 망칠 수 있기 때문이다.

세 번째는 걷기다. 걷기의 효과는 세로토닌 분비를 도울 뿐 아니라, 이른바 '스트레스 호르몬'으로 알려진 '코르티솔cortisol'의 수치를 낮춘다. 본래는 코르티솔은 스트레스에 대항하는 역할을 하는 호르몬이지만 불안이 해소되지 않은 상태에서는 코르티솔 수치가 떨어지지 않아, 그로 인해 오히려 피로, 우울함, 기분 저하 같은 상태가 발생할 수 있다. 그리고 걷기는 밤보다는 낮이 더 효과적이다. 햇빛이 망막을 통해 신체로 들어와 세로토닌 신경에 전달되기 때문이다. 이때 세로토닌이 생성된다. 걷기를 통한 신체불안 해소 방법 역시 실전에서는 사용하기가 부적절하고, 실전보다 앞선 시기에 사용하는 것이 좋다.

여덟 번째 무기 : 멘탈 플랜

앞서 신체불안을 다스릴 수 있는 방법 세 가지를 소개했지만, 실전에서 사용할 수 있는 방법은 심호흡 외에는 없었다(아주 드물게 명상을 하는 사람들도 있을 수 있겠지만). 게다가 심호흡은 예방법이 아닌 치료법이다. 병에 걸리면 치료하는 데 시간과 비용이 적지 않게 든다. 하지만 예방접종이 잘 이루어진다면 적은 비용과 노력으로 병에 걸리지 않을 수 있다.

이처럼 미리 신체불안에 빠지지 않고, 동시에 인지불안을 다스려주는 방법이 있다. 바로 실전에서 실행할 수 있는 행동 지침을 만드는 것이다. 행동 지침은 세 부분으로 나누어 정리한다. 실전에서 필요한 행동을 하기 전의 지침과 실제 그 행동, 그리고 그 행동이 성공하거나 실패했을 때의 지침을 마련한다. 행동 전의 지침을 '실행 전 루틴Pre-Performance Routine'이라고 하고, 행동 후의 지침을 '실행 후 루틴Post-Performance Routine'이라고 한다. 실행 후 루틴에는 '회복 루틴Recovery Routine'이 포함되어 있다. 이는 해야 할 행동이 실패했을 때 본래의 페이스로 돌아가기 위해 불안을 낮추는 역할을 한다. 이 루틴 전체를 통틀어 '미니 루틴Mini Routine' 또는 '멘탈 플랜Mental Plan'이라고 부른다.[18]

미니 루틴 또는 멘탈 플랜

<table>
<tr><td rowspan="2">실행 전 루틴</td><td rowspan="2">실행</td><td colspan="2">실행 후 루틴</td></tr>
<tr><td>성공 후 루틴</td><td>회복 루틴</td></tr>
</table>

실전을 무사히 치르려면 오직 문제해결 등의 실행 행위에 모든 인지적 자원을 쏟아야 한다. 머릿속에 현재 다루고 있는 문제를 푸는 생각 외에는 아무것도 남겨서는 안 된다. 급박하고 긴장되는 상황 속에서 그때그때 해야 할 행동을 생각하거나 위기 상황에 대한 해결책을 생각하면 해소되지 않는 불안으로 이어질 가능성이 높다. 따라서 연습 단계에서 실전에서 할 행동을 5~10분 단위로 끊어서 미리 계획해 두어야 한다.

시험을 예로 들어보자. 시험지를 받았을 때는 어떤 생각이나 어떤 동작을 할지(심호흡을 한 번 하고 파지를 확인하며 어려울 것 같은 부분만 골라 표시하기), 실제 수행 단계에서는 어떤 생각과 행동을 할지 생각하기(실제 문제를 풀 때는 어떤 순서로 풀고 어떤 생각을 하며 풀지 미리 정하기), 아는 문제를 모두 풀었을 때 어떤 마음가짐으로 있을지 준비하기(아는 문제가 나왔거나 다 맞힌 것 같다고 흥분하지 말고 '침착해'라고 세 번 마음속으로 되뇌기), 모르는 문제가 나왔을 때는 어떤 생각이나 행동을 하며 평정을 찾을지 결정하기(심호흡 후에 관련된 개념을 ㄱ부터 ㅎ까지 모두 써보기) 등을 구체적으로 생각하며 미리 계획한다. 여러 번 연습하고 피드백하며 수정 과정을 거쳐 최종 행동 지침을 확립해야 한다. 그 행동 지침 대로만 하면 확실하게 결과를 만들어 낼 수 있다는 생각이 들 정도로 다듬고 체화시켜야 한다. 이렇게 습득한 지식을 몸이 기억할 수 있게 절차기억으로 만든다(절차화 proceduralization).[19] 즉 멘탈 플랜의 절차기억화를 통해 모든 자원을 문제 해결을 위한 몰입에 쏟는다.

아홉 번째 무기 : 어차피 망치고 나면 불안은 없어진다

지금까지 신체불안과 인지불안을 통제하고 해소하는 방법들을 알아보았다. 특별히 의학적 도움을 받아야 할 정도로 심각한 상황이 아니라면, 대부분 문제는 앞서 설명한 방법들로 해결될 것이다. 그런데 여기서 하나 생각해야 할 것이 있다. 앞서 설명한 방법들은 무엇을 위해 존재하는가? 답은 성공적인 몰입을 만들기 위해서다. 몰입은 내 행복과 즐거움을 선물하고, 또 다른 상위목표를 위한 도구가 된다. 여기서 문제가 하나 발생한다. 나도 모르게 반드시 성공적인 결과를 만들어 내야 한다는 일종의 강박이 생길 수 있고, 이는 또 다른 인지불안을 만들어 내는 악순환에 빠질 수 있다.

사람의 일반적인 성향의 하나로 '공포본능The Fear Instinct'이 있다.[20] 어떤 일이 일어날 확률이 낮음에도 지나치게 걱정하고 공포에 빠진다. 또 어떤 일이 일어나지 않을 확률이 100퍼센트일 때는 안심하지만, 99퍼센트일 때는 불안을 느끼기도 한다. 한편 사람은 어떤 일의 영향력을 평가할 때 현재보다 미래에 더 크고 강하게 느낀다.[21] 어느 실험 결과에 의하면 에이즈 환자들이 검사 결과를 기다릴 때는 극심한 공포를 느끼지만, 막상 양성진단을 받은 후에는 그 공포의 정도가 낮아졌다고 한다.

성공에의 강박 또는 실패에 대한 공포도 이러한 두 가지 편향이 합쳐질 때 강력한 인지불안이 일어난다. 내가 어떤 프로젝트를 망치거나 시험을 잘 못 본다고 하여 내 인생이 극적으로 망가질 확률은 엄청나게 낮다. 게다가 실제 그런 일이 발생했을 때보다 내가 미래를 생각하는 과정에서 그 충격을 과대평가하는 것도 당연한 심리다. 따라서 이 점을 이해하고, 쉽게 되지 않을 때는 오히려 '망쳐도 좋다'라고 생각하는 습관을 들이자. 평소 부정적인 결과를 생각하는 습관이 있다면 그것은 반드시 불안과 초조 같은 부정적 감정을 일으키고, 행동력과 수행능력을 떨어뜨릴 것이다. 하지만 극한의 공포와 스트레스, 불안 속에서 이런 방식으로 생각하는 것은 오히려 통제가능성을 재인식하고(내가 결과를 좌우할 수는 없으니 포기하자), 영향력 편향에서 벗어나는 합리적인 사고가 될 수 있다.

앞서 말했지만 나는 두 번의 수능을 망쳤다. 두 번의 시험 모두 1교시를 망치고, 2교시부터는 모두 만점을 받았다. 돌아 보니 이미 망쳤다는 것을 자각한 순간, 인지불안이 사라지면서 마음 편하게 시험을 칠 수 있었던 것 같다. 애초에 망쳤다고 생각하고 시험을 쳤다면, 1교시를 조금이라도 더 잘 보지 않았을까 싶다.

열 번째 무기 : 최악의 상황, 카타스트로피 극복법

내가 두 번째 수능에서도 1교시를 완전히 망친 이유는 애써 붙잡고 있던 멘탈이 어려운 문제를 마주한 순간 완전히 날아갔기 때문이다. 당시의 상황과 기분은 이러했다. 시험장에 들어갈 때만 해도 나름대로 멘탈 훈련을 했기 때문에 문제가 없었다고 생각했다. 그렇지만 시험관이 들어와 시험지를 나누어 주고, 시작종이 친 후 시험지를 본 순간부터 심장이 쿵쾅쿵쾅 떨리기 시작했다. 그 소리가 귀에 들릴 정도였다. 1교시 국어 시험, 듣기 평가를 먼저 쳤는데 너무 긴장한 탓에 듣기 문제를 몇 가지 놓쳤다. 이로 인하여 '이번 시험도 망치면 어떡하지?'라는 생각에 인지불안이 급속하게 커지기 시작했다. 심호흡하며 가까스로 멘탈을 부여잡았으나 내 몸은 이미 이완과는 거리가 먼 상태였다. 겨우 심신을 안정시키고 문제를 순서대로 풀어나가다가 어려운 비문학 지문을 읽게 되었다. 순간적으로 눈앞이 캄캄해졌다. 집중하려고 애를 써도 집중이 되지 않고, 집에 돌아가서 부모님께 뭐라고 말씀을 드려야 할지 걱정만이 떠올랐다. 시계를 보니 이미 30분이 지나고 있었다. 한 문제를 푸는 데 거의 절반에 가까운 시간을 써버린 것이다. 심장박동은 최고조에 달했고 걱정은 멈추지 않았다. 그러다가 어느 순간 머릿속에 '팍!' 하는 이미지가 지나가며 긴장이 끊어지는 듯한 느낌을 받았다. 이후로는 문제가 눈에 들어오지도 않았다. 가까스로 정신을 부여잡고 나머지 문제를 풀었다. 나는 120점 만점에 88점을 받았다. 이조차 기적에 가까운 점수라고 생각한다.

당시에 내가 겪었던 상황이 바로 '카타스트로피'다.[22] 카타스트로피는 '급변'이라는 의미다. 신체불안에 인지불안이 더해지면 최적 수준의 각성을 넘어서면서 수행능력이 0으로 떨어진다. 이렇게 급격히 변화하는 현상이 바로 카타스트로피다. 카타스트로피에 한 번 빠지면 최소 20분 정도는 수행능력이 회복되지 못하니 당연히 몰입도 할 수 없다.

실전에서는 카타스트로피를 겪지 않도록 각별한 주의가 필요하다. 카타스트로피는 인지불안과 신체불안이 모두 높은 경우에 발생하는데, 이를 해소하기 위해서는 두 가지 모두 또는 이 중 하나를 떨어뜨려야 한다. 앞서 설명한 방법들을 복합적으로 활용하길 바란다. 신체불안이 오면 재빨리 자각하고 심호흡하는 등으로 그 수준을 낮춘다. 또한 어느 상황에서 카타스트로피에 빠지는지 불안의 정도를 자가 점검도 해본다. 만약 실전에서 카타스트로피에 빠졌다면, 그 상황을 받아들이고 다시 수행능력을 회복하여 처리할 수 있도록 스스로 긴장을 하는 등의 방법으로 각성의 정도를 다시 끌어올려야 한다.

★ 단기적 불안을 느낄 때는 10~20초간 최근 중 가장 행복했던 순간을 떠올리거나 평소 자신이 간직한 말을 되뇌일 것.

★ 부정의 부정은 긍정이 아니라는 점을 기억할 것.

★ 불안한 마음이 들면 의식적으로 원인과 감정, 사고로 나눠 생각할 것.

★ 통제 가능한 불안은 합리적인 자문자답을 통해 부정적인 생각에서 긍정적인 결론으로 이끌 것.

★ 시연하거나 시험치는 현장에서 불안이 찾아온다면, '현재 나의 불안'이 아니라 '미래', '주변 상황'까지로 주의를 분산시킬 것.

6

불안을 역으로 이용하는 방법

새로운 해석은 불안을 기회로 만든다

지금까지 몰입에 방해가 되는 불안에 대해 다루었다. 하지만 불안이 늘 몰입에 방해가 되는 것은 아니다. 물론 여기서 말하는 불안은 신체불안을 의미한다. 적정한 정도의 신체불안은 오히려 몰입에 도움이 되기도 한다. 자극으로 인해 몸에 나타나는 동공확대, 떨림, 맥박수 증가와 같은 것은 교감신경의 자극으로 나타난다. 이를 '신체가 각성되었다'라고 말한다. 적정한 정도의 긴장감과 각성은 몰입에 도움을 준다.

미국의 심리학자인 로버트 여키스Robert Yerkes와 존 도슨John Dodson의 공동연구 결과가 이를 뒷받침한다. 신체 각성 수준이 높아지면 수행능력도 비례하여 높아진다. 그런데 어느 시점을 지나 각성의 정도가 높아지면, 오히려 수행능력이 반비례하여 떨어지는데, 이를 '여키스-도슨 법칙Yerkes-Dodson Law'이라고 한다.[23]

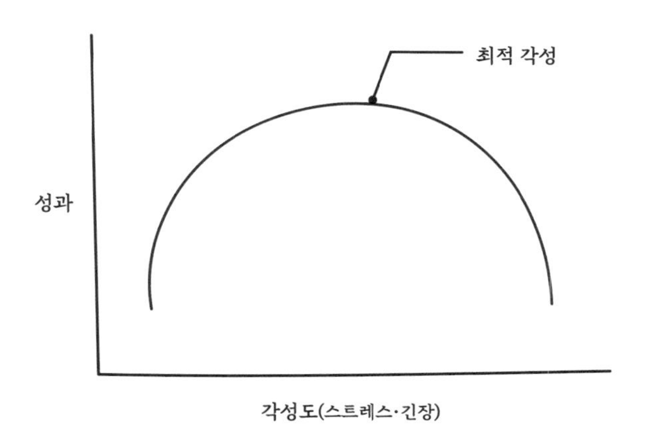

이렇게 보면 최고도의 수행능력을 만들어 낼 수 있는 정도의 긴장과 각성은 오히려 몰입을 위해 필요하다는 점을 알 수 있다. 즉 몸이 떨리고 맥박수가 증가하고 얼굴이 뜨겁게 느껴지는 현상을 신체불안에 빠진 것이 아니라, 몰입에 최적화된 상태로 바꾸어 '해석'할 수 있는 것이다. 이는 주어진 팩트를 어떻게 해석할지에 따라 수행능력이 좌우될 뿐 아니라, 인지불안의 정도도 조절할 수 있음을 아울러 의미한다. 이처럼 신체불안 중에서 몰입에 도움이 되는 불안을 '촉진불안facilitating anxiety'이라고 하고, 방해가 되는 불안을 '방해불안deliberating anxiety'라고 한다. 그리고 해석을 통해 방해불안을 촉진불안으로 바꿀 수 있다는 이론을 '전환이론reversal theory'이라고 한다.

이와 관련하여 한 가지 더 알아두어야 할 것이 있다. 신체는 불안의 정도가 높아지면 스스로 그 불안을 낮출 수 있도록 부교감신경을 활성화시킨다. 때로 부교감신경의 활성화로 인해 신체 각성의 정도가 떨어지면서 하품을 하거나 지루함을 느끼는 것과 같은 행동을 할 수도 있다. 이때는 몸은 이미 불안을 느껴 이를 낮추기 위해 자체 조절을 하고 있는 것이다. 다만 그 정도가 너무 강해 각성의 정도가 떨어진 것이므로, 다시 각성을 끌어올려 몰입한다.

팩트와 생각 중 무엇을 바꿀 것인가

전환 이론을 조금 더 넓은 시각에서 알아보자.

서울대에 진학한 친구가 하나 있다. 이 친구와는 중학교 동창인데, 중학교 때까지는 서울대에 진학할 정도로 공부에 두각을 드러내지 못했다. 그런데 고등학교에 진학한 이후로, 공부를 점차 잘하기 시작해서 결국에 서울대에 진학했다. 나중에 친구에게 공부 잘하게 된 계기를 물어보니 의외의 답이 돌아왔다. 바로 자신이 진학한 고등학교에는 중학교 때 경쟁하던 친구들에 비해서 상대적으로 공부에 관심이 덜한 친구들이 많았고, 자신의 실력은 변함이 없었는데 첫 시험에서 상위권 등수를 받고 보니 공부에 자신감이 붙어 결국 서울대에 갈 수 있었다는 것이다.

고등학교에 입학할 당시까지는 이 친구의 실력에 아무런 변화가 없었다. 유일한 변화는 주변 환경이 바뀌었다는 것, 즉 내가 상대적으로 더 돋보일 수 있고 잘하는 것처럼 '인식할 수 있는' 환경에 속하게 된 것이다. 같은 크기의 물고기라도 큰 연못에 있을 때는 별로 커 보이지 않지만, 작은 연못으로 옮기면 훨씬 크게 느껴진다. 이 역시 앞서 설명한 프레이밍 효과의 한 예이다.

이렇게 보면 내가 바꾸어야 하는 것은 그 상황 자체, 즉 팩트가 아니다. 그것에 대한 나의 인식과 평가, 즉 내 생각을 바꿔야 한다. 그리고 인식을 바꾸는 데 도움이 된다면 서울대에 간 친구처럼 환경을 바꾸는 등의 노력을 기꺼이 해야 할 것이다. 결국 상황이 부정적이라고 해도 힘을 내야 할 이유를 찾고, 내게 도움이 되는 시각으로 바라봐야 한다.

차이를 인정하는 것도 실력이다

대한민국 최초의 필즈 메달상 수상자 허준이 교수는 인생책으로 1970년에 필즈 메달을 수상한 히로나가 헤이스케広中 平祐가 쓴《학문의 즐거움》이라는 책을 추천했다. 나도 고시 공부를 하던 시절에 굉장히 감명 깊게 읽었던 책이다. 특히 한 구절이 매우 인상적이었다. '차이를 인정하는 것도 실력'이라는 부분이다. 히로나가 교수는 미국 유학시절 서양 연구자들을 보며, 그들을 따라잡을 수 없을 것 같아 굉장한 좌절감을 느꼈다고 토로한 적이 있다. 하지만 이내 그런 생각을 고쳐먹었다고 한다. 그는 격차를 인정하는 것 또한 실력이고, 그 격차를 채우기 위해 노력하는 것이 더 중요하다고 말했다.

경쟁자들이 나보다 훨씬 똑똑하거나 좋은 학교를 나왔을 때, 나보다 성장 환경이 좋거나 출신이 좋을 때, 나보다 노력은 훨씬 적게 하는 것 같은데 성과를 잘 낼 때는 정말이지 스스로에 대한 회의감도 많이 든다. 심지어 이 길이 내 길이 맞는지를 하루에도 수없이 자문한다. 이럴 때는 내 상황은 그대로 둔 채, 해석만을 달리할 의지도, 용기도 사라지기 마련이다.

하지만 오스트리아의 의사이자 심리학자인 알프레드 아들러Alfred Adler는 타인과의 차이와 그로부터 오는 열등감Sense of Inferiority을 받아들이고, 극복하기 위해서는 삶의 태도가 중요하다고 말했다.[24] 구체적으로 설명하면 긍정적인 삶의 태도와 부정적인 삶의 태도 중 무엇을 선택하는지가 개인의 '라이프 스타일Life Style'을 결정한다는 것이다. 특히 열등감과 열등감에 대한 나의 부정적 사고인 '열등감 콤플렉스Inferiority Complex'는 구별해야 한다고 강조한다. 이 책을 잘 따라온 독자라면 열등감과 열등감 콤플렉스의 차이를 쉽게 이해할 수 있을 거라 생각한다. 불에 손을 데었을 때 뜨겁다고 느끼는 감정과 그 상황에 어떻게 대처할지는 구별해야 한다.

이처럼 내가 이상적으로 생각하는 완벽한 누군가에 비해 불완전하다는 점(개인적으로 '열등감'은 맥락상 부적절한 번역이라고 생각한다)을 느끼는 것은 너무나 당연한 감정이다. 발전하고 싶은 욕구가 있다면 누구나 불완전성을 느낀다. 오히려 그것을 느끼지 못하는 사람은 발전의 가능성이 없다. 다만 이와 그것을 보완하기 위한 내 삶의 태도를 어떻게 가져갈 것인가는 다른 이야기다. 그리고 그 방법이 왜 긍정적이어야 하는지는 길게 설명하지 않아도 될 것이다. 이렇게 보면 다른 사람과의 격차, 즉 나의 불완전성 인정하기는 실력이 아니라 그야말로 당연한 것이며, 발전을 위한 시작점이다. 다른 사람과의 비교하며 불완전성을 느끼고는 그것이 인지불안을 일으키게 해서는 안 된다.

통제의 환상을 주의하라

몰입을 위해서는 상황에 대한 인식을 바꿀 필요가 있다고 거듭 강조했다. 상황이 어떻든 몰입에 도움이 되는 방향으로 해석할 수 있는 이유를 찾아야 한다. 그런데 이와 반대로 어떤 사실이 결과에 영향을 주지 않았음에도 잘못 생각하여 스스로 불필요한 불안을 초래하는 경우가 있다.

나는 중학교 때까지는 중위권 정도의 학생이었다. 공부를 크게 잘하지도, 못하지도 않는 학생이었다. 그런데 본격적인 입시 공부가 시작되는 고등학교에 진학한 첫날부터 굉장한 공포와 인지불안에 시달렸다. 이유는 내 짝이 공부를 잘할 것 같아 보여서였다. 반짝이는 안경을 쓰고, 수업 시간에는 늘 바른 자세로 수업을 들었다. 나는 그 풍모에 속된 말로 바로 '쫄아'버렸다. 게다가 이 친구의 책상 서랍 안에는 당시의 필수 교재인《수학의 정석》이 있었는데, 어찌나 많이 봤는지 옆면에는 손때가 가득했다. 그런데 이것은 나의 착각이었다. 그 친구의 첫 시험 성적은 반에서 하위권이었고, 게다가 수학 점수는 거의 최저점이었다.

사실 누군가의 외모나 옷차림이 그 사람의 수학 실력에 영향을 미칠 확률은 없다. 그럼에도 나는 사실과 관계없이 명석해 보인다는 이유로 수학을 잘할 거라는 헛된 믿음을 가졌던 것이다. 이처럼 결과에 영향을 미칠 수 없는 외적인 요인들을 내가 통제하고, 결과에 영향을 미칠 수 있다고 믿는 것을 '통제의 환상 Illusion of Control'이라고 한다.[25] 어떤 결과가 발생했을 때, 내가 생각하는 그럴 듯하지만 전혀 합리적이지 않은 이유를 갖다 붙인다. 나의 사례와 비슷한 경우를 겪었을 때(외모를 보고 미리 공포를 느낌)는 몰입이 아예 안 된다. 반대로 통제의 환상이 사실이 아닌 것으로 밝혀졌을 때(외모를 보고 나보다 못할 것이라 생각했는데 사실은 나보다 잘하는 친구였던 경우)는 기껏 만든 몰입이 깨질 우려가 있다.

- ★ **불안을 나의 힘으로 삼을 수 있음을 기억할 것.**
- ★ **다른 사람과의 격차, 자신의 불완전성을 인정하는 것에서부터 발전이 시작한다는 걸 명심할 것.**
- ★ **결과와 관련 없는 외적 요소 등에 영향받지 말 것.**

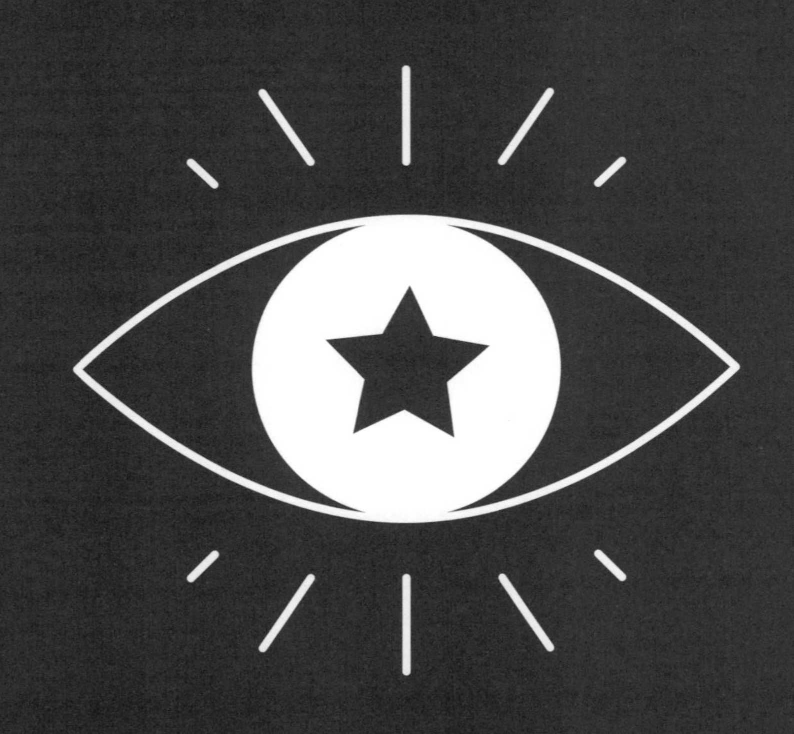

3단계

최적화를 통해 뇌 독점하기

1 하루의 3분의 2, 무의식을 지배하는 법

의욕을 최대화시키고 방해를 최소화하였다고 하더라도 곧바로 최적의 몰입 상태에 도달할 수 있는 것은 아니다. 이는 몰입을 위한 필수조건에 해당하고, 몰입 상태를 유지하고 더 질 높은 몰입으로 나아가는 것을 '몰입의 최적화'라고 할 수 있다.

무의식에 불을 붙이는 방법

몰입을 최적화시키기 위해서는 무의식조차도 몰입에 적당한 상태로 통제할 수 있어야 한다. 무의식은 말 그대로 의식적인 작용이 아닌 상태이므로 이를 통제한다는 것은 어불성설처럼 느낄 수 있다. 그러나 심리학의 한 연구에서 무의식이 목표를 설정하게끔 '유도'한다는 사실을 밝혀냈다. 이를 무의식에 불을 붙인다는 의미에서 '점화 효과Priming Effect'라고 한다.[1]

무작위의 단어를 조합하는 실험을 했다. 한 그룹은 '느리다, 신중하다, 쇠약하다'와 같이 노인을 연상시키는 단어를 조합시켰고, 다른 그룹은 '빠르다, 열정적이다, 감정적이다'와 같이 젊은 사람을 연상시키는 단어를 조합했다. 두 그룹 중 어느 그룹이 먼저 끝났을까? 젊음을 연상시키는 그룹이 더 빨랐다. 무의식이 단어를 조합하는 과정에서 본 단어들에 영향을 받았기 때문이다. 또 하나의 실험을 소개한다. 화면에 무작위의 숫자들을 보여주는 실험에서 애플 로고가 떴다가 사라지도록 섞어서 슬쩍 보여줬다. 이후 일상용품을 본래 용도와 다르게 사용하는 법을 적어보라고 했는데, 애플 로고를 무의식적으로 본 그룹의 답이 다른 그룹에 비해 훨씬 창의적이었다고 한다.[2]

이처럼 특정 단어나 이미지 같은 것들은 우리가 의식하지 않아도, 노출되면 우리의 무의식에 크든 작든 영향을 미친다. 또한 영향을 미치는 것을 넘어 '창의적이어야 한다' 같은 목표를 무의식적으로 설정한다. 이는 사건의 선후만을 놓고 보면, 원인과 그 원인에 무의식이 영향을 받아 목표를 설정하게 된 것이므로 선행 효과라고 부르기도 한다. 그렇다면 몰입하고 싶은 사람의 입장에서는 내 무의식 앞에 놓을 무언가를 어떻게 정해야 할까? 내 무의식에 영향을 미치도록 하려면 환경을 어떻게 세팅해야 할까? 사람은 보통 하루 스물네 시간 중 여덟 시간 정도를 몰입해서 일하거나 공부한다. 그렇다면 여덟 시간을 제외한 열여섯 시간, 즉 하루의 3분의 2의 무의식에 가까운 시간은 어떻게 활용하는 게 좋을까?

추천하는 한 가지 방법이 있다. 세계적인 동기부여 전문가 팀 페리스Tim Ferriss가 성공을 거둔 사람들의 공통점을 조사하여 쓴 책《타이탄의 도구들》에 의하면 성공한 사람들 대부분은 아침 명상을 하거나 감사일기로 하루를 연다고 한다. 의식이든, 무의식이든 긍정과 감사를 가장 먼저 생각하는 것이다. 하루를 저주와 원망, 한탄과 분노로 여는 사람은 자신의 무의식에 부정의 씨앗을 심는 것과 같다. 반면에 하루를 감사와 즐거움, 행복과 긍정으로 여는 사람의 마음에는 성취와 만족의 열매가 열린다. 당연히 긍정적인 기분으로 하루를 시작하는 사람들의 성취는 부정적으로 시작하는 사람보다 더 높을 것이다.

말버릇이 안 좋은 사람이 몰입할 수 없는 이유

미국의 긍정심리학자인 마틴 셀리그만Martin Seligman은 《낙관성 학습》에서 사람의 사고방식도 얼마든지 바꿀 수 있다고 주장한다.[3] 특히 성격과 마음가짐, 사고방식은 그 바탕이 되는 언어 습관을 바꿈으로써 아울러 바꿀 수 있다고 했다. 언어 습관이 의식적·무의식인 사고방식에도 영향을 미친다는 것이다.

나는 학창 시절부터 학생들에게 공부법을 가르치며, 강연과 개인지도를 하는 지금까지 수없이 많은 '공부 천재'들과 '성공한 사람'들을 만나 왔다. 이들 중 정말로 특출난 재능을 가졌거나 비상한 지능을 가진 사람은 좀처럼 없었다. 그러나 놀라운 성취를 보여준 이들에게는 한 가지 공통점이 있었다. 바로 온화한 성품과 부드러운 화법이었다. 세련되거나 화려한 말투, 나긋나긋하다는 의미가 아니다. 사용하는 어휘들이 자극적이거나 선정적이지 않고, 상대를 윽박지르거나 공격하는 말투를 지니지 않았다는 의미다. 다시 복기해 봐도 반대 성향을 가진 사람은 단 한 명도 없었다. 반면에 말이 거칠고 입에 욕을 달고 사는 사람들, 언제나 분노에 가득 차서 화를 곧잘 내며, 성미라는 성미는 다 부리는 사람들 중에서는 자신의 인생에 몰입하여 목표를 이루는 경우를 잘 보지 못한 것 같다.

이런 것을 보며, 나는 무의식적으로 '좋은 말을 쓰면 좋은 인생을 사는구나'라고 생각하게 되었다. 이는 뇌과학의 연구성과를 통해서도 뒷받침되는 결론이다. 좋지 않은 환경에서 자란 사람이 좋은 행동을 하기는 쉽지 않다. 이처럼 내가 살고 있는 환경이 나의 사고와 행동에 영향을 미친다. 한편, 우리가 살고 있는 자연·문화적 환경 외에도 우리의 사고와 행동을 결정하는 환경이 있다. 바로 우리의 '의식 세계'인데, 세계적 뇌과학자 제럴드 에델만Gerald Edelman은 《세컨드 네이처》에서 이를 '두 번째 환경2nd nature'라고 부른다. 즉 내 의식 세계가 부정적이라면 사고나 행동도 부정적이게 되고 결과적으로 몰입에도 부정적 영향을 미치게 된다는 것이다.앞서 설명한 것처럼 심리학의 연구성과나 적지 않은 경험적 통계 역시 같은 사실을 가리키고 있다. 그렇게 보면 (사용되는 맥락은 엄연히 다르겠지만) 말의 중요성을 강조한다는 점에서 '말 한마디에 천 냥 빚을 갚는다'는 속담이 대단히 의미 있는 말이 아닐까 싶다. 내가 쓰는 말이 내 무의식이나 사고에 영향을 미치고, 그것이 나의 목표 달성에, 내 인생에 영향을 준다면 언어 습관을 긍정적으로 바꾸는 것이 남는 장사일지 모른다.

- ★ **하루의 시작 또는 마무리를 감사일기로 할 것.**
- ★ **긍정적인 언어로 의식 세계를 채울 것.**

2

결과목표가 아니라 수행목표를 세울 것

'집중'에서 중요한 것은 '모은다'는 부분이 아니다

이 책에서는 집중集中이라는 개념 대신 몰입이라는 개념을 사용하고 있다. 집중이라 하면 눈앞의 무언가에 몰두하는 상태를 연상하고, 몰입보다 좁은 개념으로 여기기 때문이다. 그러나 이번 이야기에서는 '집중'이라는 단어로 설명하는 것이 적절하다.

집중에 대한 내 인식을 바꾸어 준 일화가 있다. 예전에 고시 3관왕 변호사의 공부법 강연의 녹취록이 인터넷에 떠돈 적이 있다. 강연 내용이 두세 줄 정도로 요약되어 있었는데, 그중 집중력에 관해 다음과 같은 부분이 있었다.

"목표에 대해 의심하고 확신하지 못하는 사람은 집중을 할 수 없다."

집중에 대한 이야기는 없고 목표라니…. 나는 처음에 글을 잘못 읽었다고 생각했다. 아니면 옮긴 사람이 잘못 받아 적었거나. 며칠을 고민해도 도저히 뜻을 알기가 어려웠다. 그러던 어느 날 PC방인지 오락실에서 잔뜩 이완된 상태로(세타파가 방출되던 때) 게임을 하다 그 말의 참뜻을 깨닫게 되었다.

통상 '집중'이라 하면 정신을 어딘가로 '모은다'고 생각하고 내 정신을 어떻게 모을 것인지에만 포커스를 맞추지만, 사실 그보다는 그 정신을 '어디로' 모을지가 중요하다. 그리고 앞에서 살펴본 것처럼 무언가를 하는 행위는 반드시 계획을 바탕으로 하고, 집중이라는 것은 물길을 잘 파는 것이므로, 우리는 목표를 정확하고 분명하게, 세부적으로 설정해야 한다. 결국 집중에서 중요한 말은 모은다는 의미의 집集자가 아니라, 가운데를 의미하는 중中자인 것이다.

세부 목표가 없다면 몰입할 수 없다

실제 계획을 세울 때 많은 사람들이 하루 정도에 대해서만 계획을 세우는데, 가능하면 특정 시간에 무엇을 할지까지 담은 세부 계획도 수립하는 것이 좋다. 앞서 투자의 편향(미래 자신이 현재 자신과 동일한 생각 또는 행동을 할 거라고 과대평가하는 데서 비롯된 예측 오류)을 고려하면 실행 단계를 구체적으로 상상하며 세워야 한다고 설명했는데, 그와 같은 맥락이다. 뭉뚱그린 지시보다는 구체적인 지시에 따르기 쉽고, 그 세부 계획을 세워야만 우리가 할 일을 명확하게 인지하고 그 일에 온전히 집중할 수 있다. 여러 번 강조하지만, 뇌의 작업기억 용량은 크지 않기 때문에 계획 단계에서 할 일을 명확하게 설정해야 실행 단계에서 온전히 수행할 수 있다.

그리고 실행 단계에서 계획을 세울 때는 반드시 '결과목표 Outcome'가 아니라 '수행목표Performance Goal'로 계획을 세워야 한다.[4] 결과목표란 어떤 행동을 통해 달성하고자 하는 최종 상태를 말한다. 반면 수행목표는 그러한 최종 상태를 만들기 위해 해야 할 구체적인 행동이나 방법을 포함한다. 예를 들어 '보고서를 쓰자'는 결과목표에 해당하고, '꼭지글 세 개를 20분 내에 쓴다, 리서치를 할 때에는 ○○○, ○○○, ○○○ 사이트를 먼저 본다, 오탈자 체크는 한 줄씩 총 세 번 본다'는 수행목표에 해당한다. 수학 공부를 또 다른 예로 들면, '한 시간 동안 미적분 문제집을 푼다'는 결과목표에 해당한다. 이는 한 시간이 지났을 때 그 결과가 달성되어 있어야 하는 계획만 세웠을 뿐, 어떤 방법으로 달성할지는 전혀 계획 세우지 않은 것이다. 때문에 이 경우 수행목표는 '20분간 개념을 먼저 본다, 30분간 실제 시험이라 생각하고 열다섯 문제를 풀어본다, 틀린 부분은 해설지가 아니라 교과서로 돌아가 체크한다, 남은 시간 동안 교과서 개념과 해설지를 비교하며 틀린 부분을 수정한다'로 세부 수행목표를 세워야 한다.

결과목표를 수행목표로 바꾸는 방법은 간단하다. 두 가지 질문에 대한 답을 내면 된다. 바로 '어떻게How' '얼마나How Much'다. 나는 이것을 '2H 원칙'이라고 부른다. '한 시간 동안 미적분 문제집을 푼다'는 목표는 '얼마나?'라는 질문을 통해 '구체적인 진도 범위'를 정하고, '어떻게?'라는 질문을 통해 '개념과 문제를 나누어 본다'는 식으로 내용을 구체적으로 도출한다.

- ★ **결과목표가 아니라 수행목표를 세울 것.**
- ★ **'어떻게?', '얼마나?'를 스스로 물으면서 목표를 구체화할 것.**

3 뇌에 외장하드를 꽂을 것

목표를 시각화해야 하는 뇌과학적 이유

전체적인 계획, 그리고 실행단계에서의 구체적인 계획까지도 모두 세웠는가. 그렇다면 그렇게 세운 계획, 특히 세부적인 수행계획은 반드시 시각화하라. 그리고 수행 과정 중에 바로바로 확인할 수 있도록 근처에 두어라. '근처'는 물리적인 거리가 아닌, 원할 때 언제든지 추가적인 인지적 비용의 소모 없이 바로 확인할 수 있어야 한다는 뜻이다. 예를 든다면 계획표를 만들어 PC 다른 창에 띄워두거나 바탕화면에 배치해 수시로 확인할 수 있게 하는 것이다.

몰입하고 있을 때는 머릿속이 지금 하고 있는 일에 대한 생각으로만 가득 차야 한다. 그러려면 현재 하고 있는 일을 언제까지 끝내야 할지, 그다음에는 무엇을 할지, 지금 하는 것을 제시간 내에 끝내지 못하면 어떤 불이익이 생길지와 같은 생각은 머릿속에서 덜어내야 한다. 하지만 수험생이나 직장인은 순수하게 한 가지 일만을 하며 살 수 없다. 늘 지금 하는 일을 끝낸 후, 다음 할 일을 생각할 수밖에 없는 상황에 놓여 있다. 이런 경우에는 머릿속에 있는 다양한 생각 중에 현재 해야 하는 일이 무엇인지, 정말로 몰입을 해야 하는 일이 무엇인지를 스스로에게 명확하게 재각인시키기 위해 소모하는 인지적 비용을 최소한도로 줄일 필요가 있다. 뇌의 작업기억 용량을 현재의 일에 최대한도로 몰입해 사용할 수 있기 때문이다.

특히 기억과 관련하여 뇌는 외부로부터의 감각을 받아들이는 것과 그것을 해석하고 처리하는 것을 구별한다. 무슨 의미인가 하면, 가을이 되어 단풍을 봤을 때, 단풍색이 노란색인지, 붉은색인지, 갈색인지, 주황색인지처럼 언어에 의한 이름 붙이기는 작업기억이 담당하지만, 눈을 통해 보는 그 이미지 자체를 인식하는 것은 감각기억이 담당한다. 시력에 문제가 없다면 단풍이 무슨 색인지 정확한 단어로 표현할 수는 없어도 볼 수는 있다. 이는 감각기억과 작업기억이 서로 다른 메모리라고 생각하면 이해될 것이다. 별도의 메모리가 있는 컴퓨터 그래픽 카드를 연상해 보라.

감각기억(시각, 촉각, 미각, 청각 등)	작업기억
단풍나무의 이미지 그 자체를 인식하는 것	단풍이 무슨 색인지 해당하는 단어를 찾는 것

수행목표 설정은 앞으로 일정 시간 동안 무엇을, 어떻게, 언제까지 할지를 명확하게 하는 것으로, 이는 작업기억을 통해 이루어진다. 지속적이고 효율적인 몰입을 위해서는 이 작업기억 사용을 줄이는 것이 필요하다. 그런데 궁금할 때마다 수행계획을 확인하고 설정하는 일은 작업기억을 다시 사용하여 같은 일을 처리하는 것과 같다. 이미 한 번 한 일이기 때문에 처리속도가 빨라 뇌에 부담을 준다고 느끼지 못할 뿐, 몰입에는 계속 방해가 된다.

이를 방지하기 위해 작업기억이 아니라 감각기억을 통해 설정한 수행목표를 인식할 수 있게 해야 한다. 이것이 시각화다. 감각기억으로 인식할 수 있는 형태로 바꾸는 것이다.

작업기억의 부담을 줄이는 시각화의 예시

수험생들처럼 PC나 전자기기 등을 가급적 멀리해야 하는 경우에는 빈 종이나 다이어리, 플래너 등을 활용하여 한눈에 알아보기 쉽게 현재 과목 공부의 세부 수행목표와 공부를 끝내야 하는 시간을 적어서 책이나 책상 위에 놓아두자. 해야 할 일을 정확하게 적어 단번에 이해할 수 있도록 만들어야 한다. 아래 예시를 각자의 상황에 맞게 변형해서 활용해 보자.

<숙향전 공부>

- 줄거리 확인 ~10:05
- 본문 세부의미 분석 ~10:35
- 특징 메모장 요약정리 ~11:00
- 문제풀이 ~11:10
- 해설 확인 및 교재 재정독 ~11:30

위와 같은 이야기를 하면 반드시 듣는 질문이 있다. 바로 '인강을 들어야 하는데 그런 경우는 어떡하나'는 것이다. 목표가 있다면 모든 행동을 그에 맞게 맞추는 것이 바람직하고, 그런 맥락에서 공부에 방해되는 것은 멀리하겠다고 결심했다면 그에 맞게 전자기기도 멀리하는 것이 맞을 것이다. 하지만 이런 질문 속에는 이미 '공부하는 동안 전자기기를 계속해서 볼 것이고, 그러면 인강도 볼 수 있다'는 논리역전論理逆轉'이 숨겨 있다. 더 이상 말하지 않아도 무엇을 어떻게 해야 할지 이해했으리라 생각한다.

수험생이 아닌 경우, 그러니까 전자기기를 사용해야 하는 직장인들 같은 경우는 전자기기에서 정말 다양한 프로그램들을 활용할 수 있는데, 여기서 주의할 것이 하나 있다. 바로 화려하고 복잡한 인터페이스를 주의하라는 것이다. 그러한 인터페이스가 매우 좋아 보이겠지만, 그 인터페이스 사용법을 새로 익히거나 사용하는 과정에서 계속 인지적 비용을 소모하게 될 수 있다.[5] 이 상황에서는 철저하게 그 제품의 기능이 내게 어떤 이익을 가져다주는지에 집중해야 한다. 화려하고 예쁘기만 한 캘린더, 다이어리, 플래너 같은 툴보다는 뇌의 효율을 가져오는 툴을 선택하도록 하자.

같은 맥락에서 나는 구글 캘린더나 아웃룩 등 가장 기본적인 캘린더 프로그램을 사용하고 있다. 사용법을 직관적으로 쉽게 알 수 있고, 인터페이스 자체도 딱 기능에 초점이 맞춰져 좋다.

직장인은 수험생처럼 타이트하게 짜는 계획보다는 탄력적이고 유동적인 수행계획이 효과적이다. 갑자기 처리해야 하거나 새롭게 부여되는 일들, 예상할 수 없는 업무가 수시로 발생하기

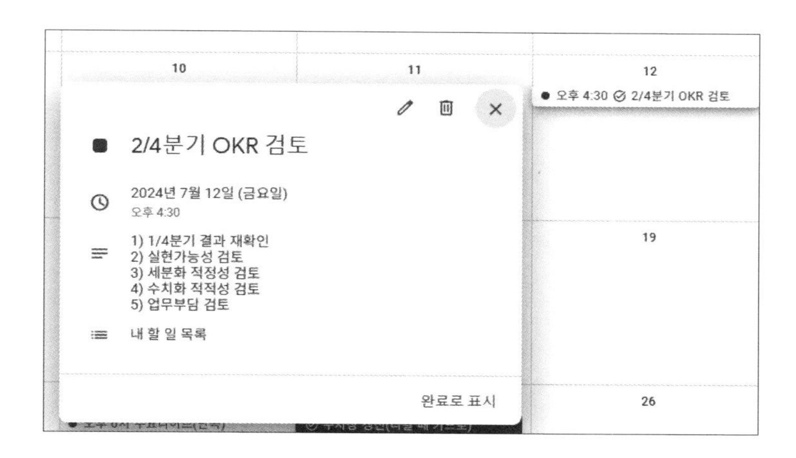

때문이다. 따라서 세부적인 수행목표의 시한은 따로 적지 말고, 중간에 다른 일이 끼어들어도 처리할 수 있을 정도로 전체적인 시한만 설정해 둔다.

★ **목표는 반드시 시각화할 것.**

★ **전자기기 툴은 사용법이 간단하고 직관적인 것을 사용할 것.**

4 '데드라인 이펙트'를 이용하라

일은 시간이 주어진 대로 늘어진다

영국의 행정학자인 시릴 노스코트 파킨슨Cyril Northcote Parkinson은 《파킨슨의 법칙》에서 '업무는 그에 할당된 시간만큼 늘어난다'고 주장했다.[6] 이 주장에 완전히 동의하는 것은 아니지만, 경청할 만한 몇 가지가 있다고 생각된다.

먼저 우리가 계획을 세우고, 그것을 실행할 때를 떠올려 보자. 대부분은 어떤 일을 하는데 걸리는 시간을 면밀하게 계산한 후 그 일을 하는데 필요한 시간을 할당하는 것이 아니라, 일단

'몇 시부터 몇 시까지는 무엇을 하자'는 식으로 시간을 중심으로 해야 할 일을 할당하는 사고를 한다는 점을 알 수 있다. '언제, 어떻게 그 일을 수행할지'가 주된 관심사가 아니라, '그 시간은 그 일을 위해 주어졌다'가 주된 관심사인 것이다. 이는 다시, 우리가 무언가를 할 때 구체인 수행목표 없이 실행하면 아무것도 이뤄지지 않고 시간만 의미 없이 보낼 수 있음을 깨닫게 해준다.

계속 강조하지만 몰입에서 중요한 것은 같은 자원을 어떻게 배분하고 사용하는가다. 어떤 성과를 만드는 데 예상보다 짧은 시간이 걸린다고 한다면, 즉 신속하게 일이 처리된다면 그 자체만으로 굉장히 질 좋은 몰입을 했다고 평가한다. 순도 높은 몰입은 다른 사람들보다 더 많은 것을 이루고, 원하는 것을 빠르게 성취하게 해준다. 그렇다면 같은 시간 속에서 최대치의 몰입을 끌어낼 수 있는, 시간을 더 효율적으로 쓰고 해야 할 일을 더 빨리 끝낼 수 있는 방법을 찾아야 하지 않을까.

데드라인 이펙트

같은 시간을 더 순도 높은 몰입으로 채우는 방법으로 나는 '데드라인 이펙트deadline effect'를 강력하게 추천한다.[7] 사람은 보통 일정한 기한(데드라인)을 정해두고, 그 기한이 임박했을 때 더 몰입한다. 데드라인을 설정해 두었을 때가 그렇지 않을 때보다 긴장감을 느끼게 된다. 한편 사람이 긴장이나 공포, 흥분 등의 감정을 느끼면 '노르에피네프린Norepinephrine'이 분비되는데, 이로 인해 집중력과 혈류량, 대사활동이 증가한다. 즉 데드라인을 설정해 둔 경우에 노르에피네프린이 더욱 활발하게 분비되면서 집중력이 올라갈 수 있는 것이다. 그러나 일의 시한이 설정됨에 따라 그 시간 내에 일을 끝내야 한다는 압박감으로 인해 촉진불안이 발생할 수도 있다.

데드라인 이펙트 사용법

데드라인 이펙트를 활용하는 방법은 매우 간단하다. 일의 데드라인을 정하는 것이다. 조금 더 구체적인 팁들을 소개한다.

첫째 데드라인은 실제 어떤 일을 할 때 걸리는 시간을 고려해서 매우 구체적으로 짜야 의미가 있다. 아무 생각 없이 한두 시간 단위로 정하기보다는 정말 내가 이 일을 이 시간 내에 처리해야 한다고 느끼는 시간으로 설정해야 긴장감이 높아진다.

둘째, 남은 시간을 볼 수 있는 보조도구를 사용한다. 특히 이는 뇌의 용량과도 관계가 있다. 남은 시간이 얼마인지 디지털 시계를 이용해서 계산해 보자. 현재 시간은 오후 2시 38분인데 4시 15분까지 할 일을 끝내야 한다. 그럼 남은 시간은 얼마인가? 사소해 보이지만 몰입보다 의미가 떨어지는 계산에 시간을 쓰지 말고, 한눈에 남은 시간을 알아볼 수 있는 보조도구를 사용하라. 시각적이고 직관적인 것을 권한다. 이 조건에 모두 들어맞는 것이 스마트폰의 '타이머' 앱이다. 스마트폰에 설치된 기본 앱이다. 남은 시간을 입력하고 타이머를 킨 후 눈앞 바로 보이는 곳에 세워둔다. 타이머앱이 돌아가는 것을 보면 덩달아 마음이 바쁘게 움직이게 된다. 그래서 그 시간 내에 목표한 일을 마무리하기 훨씬 쉬워진다. 보조도구를 잘 사용하면 당신이 원하는 목표에 한 걸음 더 다가갈 수 있다. 어렵지 않은 일이니 바로 실행해 보자.

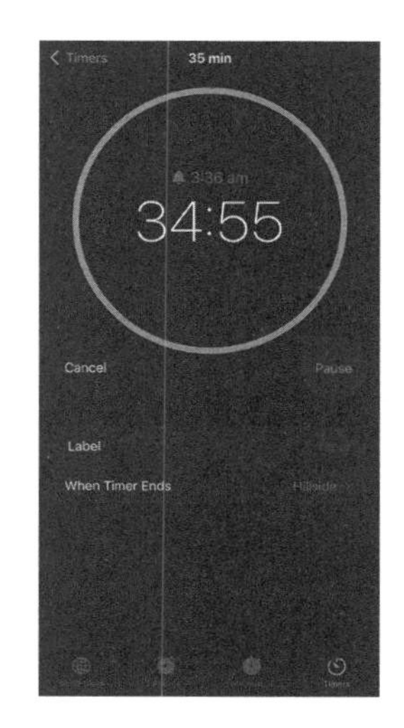

★ **일은 시간이 주어지는 만큼 늘어지므로 시한을 정해두고 수행할 것.**

★ **시한은 여유 있게 주기보다는 약간 촉박하게 설정할 것.**

5 음악을 들으며 일과를 시작하는 이유

왜 책상 앞에만 앉으면 뭐든 다 하기가 싫어질까

무언가를 하기로 큰마음을 먹고 스터디 카페로, 사무실로 왔는데 막상 책상 앞에 앉으면 하기가 싫어진다. 그러다 스마트폰을 꺼내 만지작거리거나 컴퓨터를 켜고는 딴짓하기 시작한다. 사람들 대부분이 겪는 현상이다. 그런데 우리는 이런 생각을 한다. '나는 왜 이렇게 의지가 약할까?', '다른 사람들은 마음먹은 것을 재깍재깍 잘 처리하는데 나는 왜 잘 못하는 걸까?', '왜 나

는 해야 할 일은 미루고 다른 길로 새버리는 걸까?'

답은 단순하다. '시작이 정말 어렵기 때문이다.' 무언가를 진심으로 하고 싶어지는 것을, '열정과 몰입'이라는 물이 끓는 것이라고 생각해 보자. 물은 100도씨가 넘어야 비로소 끓는다. 아무리 열을 가하고 온도를 높여도 100도 이하에서는 절대로 끓지 않는다. 몰입이라는 것이 그렇다. 한 번 몰입 상태에 빠지면, 그야말로 시간 가는 줄 모르고 그 한 가지에 미치게 된다. 멀리서 찾을 것 없이 학창 시절 시험 기간에 공부 대신 한 일이나, 시험을 치고 후회했던 행동들을 떠올려 보면 이해가 쉬울 것이다. 그러나 몰입 상태에 들어가기까지는 정말로 힘이 많이 든다. 이런 점을 생각하지 않은 채로 책상 앞에 앉자마자 내가 해야 할 일에 몰입하려는 것은 전기포트를 켜자마자 물이 끓기를 바라는 것과 같다. 몰입에는 반드시 시간이 필요하다.

대체적 동기부여의 기술

당신에게 묻고 싶은 게 하나 있다. 책을 사서 몰입 방법까지 찾아보고 이루고자 하는 그 일은 대체 무엇인지에 대해서다. 금세 끝낼 수 있는 일인가? 전력을 다해야 이룰 수 있는 일인가? 전력이 드는 일은 아니지만 조금이라도 더 빠르고 효율적으로 달성해 시간적 여유를 바라고 있는가?

대부분 두 번째나 세 번째 이유로 이 책을 읽고 있을 것이다. 무엇이 되었든 방법까지 찾아가며 이루고자 하는 그 일의 난이도가 아주 쉽지는 않을 것이다. 일정 난이도가 있는 일에 몰입하기 위해서는 서서히 성취동기를 끌어올리고 보상 회로를 작동시켜야 한다. 반면 난이도가 낮은 일은 몰입에 별다른 노력이 필요하지 않다. 순식간에 몰입이 일어나기 때문이다. 예를 들어 많이 들어서 알고 있는 노래를 듣는 일 같은 것이다. 이 점을 활용해 성취동기와 보상 회로를 함께 워밍업시켜 자연스럽게 일을 시작하고 몰입 상태에 이를 수 있는 방법이 바로 하나 있다. 나는 이 방법을 '대체적 동기부여의 기술'이라고 부르고 있다.

일단 해야 할 것이 있을 때는 책상에 앉는다. 그리고 그 일을 시도해 본다. 만약 시작할 때부터 충분히 재미가 느껴지고 할 만하다는 생각이 든다면 무리하지 말고 적은 양부터 천천히 쌓는 방식으로 몰입의 정도를 서서히 끌어올린다.

그렇지 않고 일 자체를 시작하기 어렵다면, 스마트폰이나 PC를 이용해 평소 자주 들어서 익숙한 음악이나 드라마, 영화 등을 튼다(드라마나 영화를 틀었다면 가급적 귀로만 들어라). 음악이나 드라마 등은 너무 조용하거나 요란하지 않는 것으로 선정한다. 적절한 긴장감과 활기를 끌어올릴 수 있는, 내 몸을 각성시킬 수 있는 정도가 좋다. 그다음 음향을 들으며 마음을 이완시키고, 다시 해야 할 일을 시작한다. 마치 음향을 들으려고 책상에 앉은 김에 틈틈이 해야 할 일을 하자는 식으로 말이다. 음향을 듣는 것이 '주된 할 일'이고, 해야 할 일은 '곁다리의 일' 정도로 여기면서 두 가지 일을 동시에 수행한다.

그러다 보면 어느 순간 귀에 음향이 거슬리게 들릴 때가 온다. 이미 음향을 듣고 있는데 별안간 음향이 거슬리게 들린다니, 이게 무슨 말인가 싶을 것이다. 음향 듣기를 통해 신체 각성이 일어나면 어느 순간부터는 몰입 최적화에 이르는 각성이 만들어진다. 그때부터는 음향도 들리지 않고 본래 해야 할 일에 몰두하게 된다. 그 상태가 이어지다 틀어놓은 음향이 방해로 느껴지면 다시 음향이 (거슬리게) 들리기 시작한다. 즉 '각성 → 몰입 → 방해'의 상태로 진행된다. 처음에는 익숙한 음악을 듣고 싶다는 동기로 책상 앞에 앉았지만, 점차 본래 내가 해야 할 일을 한다는 동기로 책상 앞에 앉게 된다.

★ **음악을 듣거나 차를 마시는 등 편하고 즐거운 일로 시작할 것.**
★ **처음 공부/일은 쉬운 수준으로, 곁다리로 가볍게 시작할 것.**
★ **점차 몰입이 되면 음악을 끄고 공부/일에 집중할 것.**

6

할 일 개수를 줄이기만 해도 실행이 쉬워진다

할 일 개수는 난이도에, 난이도는 동기에 영향을 미친다

미국의 심리학자인 존 윌리엄 앳킨슨John William Atkinson은 일의 난이도와 의욕의 관계를 연구해 '성취동기 이론A Theory of Achievement Motivation'을 발표했다.[8] 이론의 주된 내용은 다음과 같다. 첫째, 일의 난이도가 지나치게 낮으면 동기부여가 전혀 되지 않는다. 예를 들어 누워서 떡 먹기 같은 것은 책에서나 보는 예시일 뿐, 이를 실제로 하거나 하고 싶어 하는 사람은 별로 없다.

둘째, 일의 난이도가 지나치게 높아도 동기부여가 전혀 되지 않는다. 올해 나는 몸짱이 되겠다는 신년 계획을 세우고 한 해 동안 50킬로그램을 감량하기로 했다고 하자. 이 역시 의욕을 일으키기 쉽지 않다. 셋째, 적정한 난이도의 일이 주어졌을 때 의욕이 최고조에 달한다. 결국 성취동기 이론에 의하면, 적절한 난이도의 일을 찾는 것이 중요하다는 결론에 이른다.

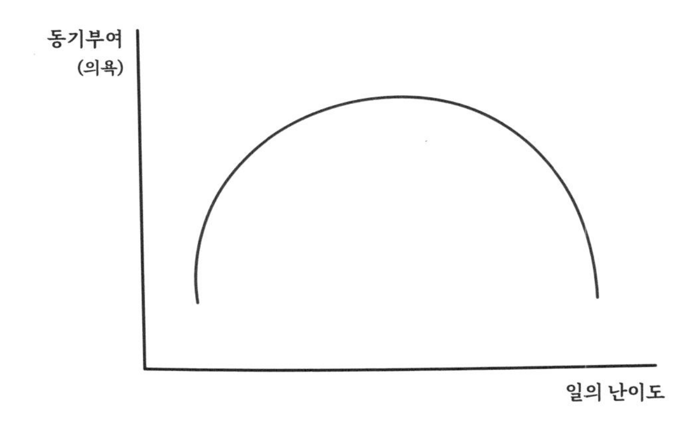

일의 난이도에 직접적으로 영향을 주는 것이 할 일 개수다. 수험생이라면 공부해야 할 과목 수, 페이지 수, 문제 수 등이 공부 난이도를 결정한다. 직장인은 오늘 처리해야 하는 일의 개수가 그날의 업무 난이도를 결정한다. 할 일 개수가 늘어날수록 일의 난이도가 올라가고, 나아가 난이도가 높으면 의욕을 일으키기 쉽지 않다.

'약한' 것부터 먼저 공략하는 몰입법

할 일의 개수가 의욕에 영향을 미친다는 점을 생각하면, 거꾸로 의욕을 높이려면 할 일의 개수를 적절하게 줄이는 발상도 유효하다. 할 일의 개수를 줄일 때 고려해야 할 것이 있다. 바로 그 일 자체의 난이도다. 할 일의 개수를 줄인다는 생각으로 어려운 일에 인지적 자원을 쏟아버리면, 다른 일을 할 수 없게 되거나 그 일조차 다 못하게 된다. 결국 의욕이 더 떨어지는 결과로 이어지기도 한다. 따라서 할 일의 개수를 줄일 때는 많은 인지적 비용을 쓰지 않아도 간편하게 처리할 수 있는 것을 최우선으로 해야 한다.

참고로 시간관리를 다룬 과거의 책들에서는 찾아볼 수 없지만, 현대에 출간한 시간관리 책들은 가장 쉽고 간단한 일부터 먼저 처리해서 일의 개수를 줄이는 것이 유용하다고 한다. 이는 과거에 비해 해야 할 일이 동시다발적으로 발생하는 시대적 배경에서 기인했으리라 생각된다.

지금까지의 내용을 다시 정리해 보자. 한마디로 '약한 것'부터 공략하는 것이 자연스럽게 몰입에 이르는 데 유리한 전략이다. 그러니 시간과 노력, 즉 인지적 비용이 적게 드는 난이도가 낮은 일부터 시작하자. 난이도 낮은 일부터 완료함으로써 일종의 보상을 받게 되고, 그 보상이 뇌의 보상 회로를 작동시켜 동기를 향상시킨다. 동시에 할 일의 개수가 줄어드는데, 이것이 전체 할 일의 난이도를 낮추는 효과를 주고, 결과적으로 성취동기를 증가시키며, 그 동기로 인해 몰입 최적화 상태가 더욱 좋아진다.

불확실성과 도파민의 활용

약한 것부터 공략하여 몰입의 정도를 높여왔다면, 점차 난이도가 높은 일에 도전하는 것이 좋다.

행동을 촉진시키고 반복하게 만드는 물질은 도파민Dopamine이다. 요즘 '도파민 디톡스'라 할 정도로 도파민에 대해 오해하는 사람들이 있는데, 쾌락에 관여하는 물질은 도파민이 아니라 오피오이드Opioid다. 도파민과 오피오이드는 자동차의 엑셀레이터와 브레이크와 같은 관계에 있다. 도파민이 방출되면 특정 행동이 유발되고, 그러다가 쾌락과 만족감을 느끼면 오피오이드가 방출되어 그 행동을 멈추게 한다.

도파민은 불확실성에 크게 반응을 한다. 이 점을 밝힌 사람이 '스키너 상자'로 유명한 프레데릭 스키너다.[9] 우리가 도박에 중독되거나, 혹시 남겨져 있을지 모르는 '좋아요'나 '댓글' 또는 '흥미로운 영상 기타 콘텐츠'로 인해 SNS에 중독되는 것이 바로 불확실성에 반응하는 도파민 때문이다. 그렇다고 도파민이 세간의 인식처럼 부정적인 물질은 아니다. 앞에서 이야기한 것처럼 도파민은 특정 행동을 유발하거나 반복하게 하므로 적절하게 활용될 경우, 오히려 수행과 몰입에 도움이 된다. 이 점을 이용하는 것이 몰입의 정도가 어느 정도 올라왔을 때 난이도 높은 일을 하는 것이다.

자신의 능력으로 결과를 만들어 낼 수 있을지 없을지 확신할 수 없는 일에 도전할 때, 몰입이 더 강하게 이뤄지는 것 역시 도파민 때문이다. 몰입의 정도가 높아졌을 때는 뻔하고 쉬운 일이 아니라 성취했을 때 느낄 짜릿함이나 쾌감이 크거나 그것을 얻기 어려운 일이어야 몰두하게 된다. 어려운 문제를 풀어내거나 어려운 프로젝트를 맡을 때 강한 도전정신이 드는 경우가 바로 이에 해당한다.

- ★ **남아 있는 일 중 가장 쉽게 처리할 수 있는 일부터 끝내고 일의 개수를 줄일 것.**
- ★ **몰입의 정도가 높아졌다면 내 능력으로 해결할 수 있을지 확신할 수 없는 일에 도전할 것.**

7

'어려워만 보이는 것'을 걸러낼 것

모든 것을 다 읽고 이해하려는 강박

내가 독서법 강연을 할 때마다 청중들에게 묻는 질문이 있다. 혹시 지금까지 읽은 책 중 한 권이라도 처음부터 끝까지 다 외울 수 있는 게 있냐는 것이다. 지금까지 '그렇다'라고 대답한 사람은 없었다. 모르긴 몰라도 앞으로도 없으리라 생각한다.

이유는 단순하다. 애초부터 그런 목적으로 책을 읽지도 않고, 통상적인 분량의 책을 토씨 하나 안 틀리고 외울 정도의 지적 능력을 가진 사람은 존재할 수가 없기 때문이다.

그런데 왜 우리는 마치 모든 것을 다 외울 것인 양, 그리고 모든 것을 외우기 위한 읽기 방법을 사용하는 것일까? 내가 현재 읽고 있는 책에 들어 있는 지식의 단면을 겉에 드러난 활자 하나하나를 음미하는 방식으로 파헤쳐 보고 싶은 것일까?

이는 기본적으로 감상鑑賞이라는 단어의 의미를 잘못 이해하는 것에서 기인하는 것이라 생각한다. 우리가 학창 시절부터 제대로 된 독서법이나 감상법을 배운 적이 없다는 것도 문제일 것이다. 무엇을, 어떻게 읽어야 하는지, 새로운 정보를 다루는 실용적인 방법을 배우지 못했다. 우리가 배운 방식은 시험을 위해 글을 한 자 한 자, 한 줄씩 꼼꼼히 읽고 분석하며 읽는 것이었다. 그렇기에 이런 방식으로 콘텐츠를 해석하는 것도 당연하다는 생각도 든다.

그러나 이런 식의 '읽기'는 몰입을 방해한다. 나아가 지식과 정보, 읽을거리가 범람하는 현대 사회에서 이와 같은 방식의 고전적 정보습득방식(문해력Careful Reading)만으로는 적절하게 정보처리에 몰입할 수 없다. 책을 예로 들어보자. 실제 책의 저자가 하고 싶은 메시지는 대게 A4 용지 몇 장 정도로 정리가 된다. 다만 그것을 일정한 형식, 약속된 형식을 가진 책으로 만들다 보니 암묵적으로 약속된 분량을 지키게 되는 것뿐이다. 이는 출판의 현실에 문제가 있다는 의미가 아니라, 본래 책이라는 것은 그러한 작은 동기를 구체화시켜 나가는 방식으로 집필하는 것이고,

분량은 대략적인 최소이자 최대로서의 의미가 있다는 뜻일 뿐이다. 이런 상황 속에서 우리는 파악하고자 하는 대상에 몰입해야 한다. 예를 들어 책이라면 저자가 전달하고자 하는 메시지나 생각에 몰입해야 하는데, 수사와 통계, 표현으로 부피가 늘어난 글을 한 자 한 자 모두 읽고 해독하는 방식으로는 목표에 닿을 수 없다.

이는 특히 이공 계열, 특히 수학이나 과학 분야의 책을 읽을 때는 더 큰 문제가 된다. 정작 하고 싶은 이야기나 메시지는 따로 있는데, 그 주장에 신빙성을 더하거나 형식적인 체계를 갖추기 위해 여러 가지 복잡한 통계와 수식, 정의 등을 추가하게 된다. 애초에 한 분야의 전문가인 저자가 쓴 전문적인 내용을 일반 독자로서는 읽어 낼 계제階梯가 없다. 그렇기에 어려워 보이는 것들은 이해 효율성의 측면에서 건너뛰며 읽기를 추천한다. 현재의 인식 수준에서 가능한 것들부터 이해하며 습득하고, 그 습득을 지속해 나가며, 이해 수준을 높여주는 것이 몰입의 질을 높이는 전략이다. 이 방법을 믿기 어렵다면, 칼 세이건Carl Sagan의 《코스모스》를 구해 아무 챕터나 펼쳐 그 챕터를 처음부터 끝까지 정독한 결론과 특정 챕터의 목차를 읽은 후 그 챕터의 마지막 단락만을 정독한 결론을 비교해 보라. 어느 편이 더 깊고 풍부하게 이해가 되었는지 확인해 보길 바란다.

'어려워 보이는 것'과 '정말로 어려운 것'

앞서 설명한 방식은 책을 읽을 때 너무 어려운 부분, 즉 현재의 내 인식 수준에서 이해하기 어려운 것을 다룰 때 사용할 수 있는 방법이다. '실제로는 어렵지 않지만 어렵게만 보이는 것'에 대해서는 다르게 접근해야 한다. 이 부분은 앞 경우와 달리 건너뛰는 것이 아니라 철저히 검증함으로써 그 진위를 밝혀내는 것이 좋다.

'정말로 어려운 것'과 '어려워 보이기만 하는 것'를 구별해 보자. 외부 자료 등을 통한 검증이나 타인의 도움 등을 받았을 때 이해의 가능성이 있다면 정말로 어려운 거다(이해가 되어야 한다는 의미가 아니라, 정말로 그 말이 맞아서 언젠가 이해할 수 있는 가능성이 있다는 의미다). 반면 그러한 과정을 거쳐도 진위를 판단하기 어렵거나 거짓으로 판정되는 것은 '어려워 보이기만 하는 것'에 해당한다.

'어려워 보이기만 하는' 잘못된 정보에 대해 의심하고 검증하지 않는 경우, 자신이 무언가를 잘못 안다는(=제대로 모른다는) 사실조차 자각하지 못하게 되고, 이는 장기적으로 수행과 몰입의 실패로 이어진다. 내가 애써 읽고 얻은 정보가 실은 가짜 정보이거나 잘못된 정보라면, 그것에 쓴 시간과 에너지가 이미 휴지 조각이 된 것과 다름없다. 현대의 심리학 연구에서는 이를

'더닝-크루거 효과Dunning-Kruger Effect'라고 한다.[10] 이 효과는 능력이 부족한 사람이 잘못된 판단을 내리더라도, 그 능력 부족으로 인하여 자신이 잘못된 판단을 내렸다는 사실조차 알아채지 못하는 경우를 말한다.

현대 사회에서는 가짜 정보나 가짜 지식들이 판을 친다. 그럼에도 많은 사람들이 그 정보의 진위에 대한 검증하지 않는다. 장기적인 지식 습득과 몰입이라는 관점에서 정보의 진위를 정확하게 판단하고 검증하는 태도가 필요하다. 즉 어떤 주장이나 메시지, 근거 등에 대해 면밀히 검토해야 한다.

- ★ **도움 되지 않는 인풋은 과감하게 그만둘 것.**
- ★ **지금 수준에서 이해가 어려운 부분은 일단 듣고 넘길 것.**
- ★ **'그럴싸하게 보이는 것' 속아 시간을 낭비하지 말 것.**

8 적절한 타이밍에 다른 일로 전환하라

시계를 봤는데 10분밖에 지나지 않았다!

재미없고 몰입이 잘되지 않는 일을 하면 시간이 잘 가지 않는다. 그러나 게임이나 운동, 친구와의 만남과 같이 재미를 느끼는 일은 시간 가는 줄 모르고 몰입하게 된다. 왜 전자의 경우는 시간의 흐름을 더디게 느끼고, 후자의 경우는 시간의 흐름을 빠르게 느끼는 걸까? 로트만 경영대학원 안희경 교수는 연구를 통해 우리가 느끼는 시간의 흐름이 다음 두 가지 요소에 의해 달라

진다는 것을 밝혀냈다.[11]

첫 번째 요소는 특정 시간 동안 하는 일의 개수(사건 표지Event Marker)다. 지나간 시간을 떠올렸을 때, 해당 시간 동안 한 일의 개수가 많으면 시간도 많이 흘렀다고 느낀다. 해당 시간 동안 한 일의 개수가 적다고 느끼면 시간이 적게 흘렀다고 느낀다.

두 번째 요소는 몰입의 여부다. 해당 시간 동안 그 일에 감정적·정서적으로 몰입하는 사람은 오히려 거꾸로 그 시간 동안 많은 것을 할수록 시간을 더 빨리 갔다고 느끼게 된다. 시간이 얼마나 흘렀는지를 떠올리는 것도 인지적 비용을 소모하는데, 감정적으로 몰입하는 사람은 그 일에 몰입하느라 시간이 어떻게 흘렀는지를 잘 인지하지 못하기 때문이다. 즉, 흔히 말하는 '시간 가는 줄 몰랐다'는 말을 심리학적으로 해석하면 다른 일에 몰두하느라 시간이 흐른다는 사실을 인지하는 데 인지적 비용을 쓰지 못했다는 의미다.

이렇게 보면 꼭 어떤 사람의 일반적 성향이 특정한 일에 몰입하는 성향인지 아닌지를 떠나, 그 사람이 처해 있는 상황이나 구체적으로 하는 일, 그 일을 함께하는 사람과의 관계 등이 시간이 얼마만큼 빠르게 흘렀는지를 느끼게 해주는 요소를 이룬다고 추론할 수 있다.

시간이 가지 않을 때 해야 할 일

어떤 일을 수행하는 데 시간이 잘 가지 않는다면 다음처럼 대처해 보라. 첫째, 현재 하는 일에 재미를 느끼거나 감정적·정서적으로 몰입할 수 있는 가능성이 있는지를 먼저 확인한다. 가능성이 있다면 남아 있는 일의 개수와 관계없이 그 일에 몰입할 수 있도록 각성 상태를 조절하고, 성취동기를 끌어올리며 보상회로를 작동시킬 수 있는 방법을 찾는다. 그 일에 몰입하여 인지적 비용을 모두 쏟으면 시간이 흐르고 있다는 사실을 자각하기 어려워지고, 순식간에 시간이 지난 것처럼 느껴진다. 공부를 예로 들면, 재미있는 부분이 나오면 다른 공부는 잠시 미뤄두고 그 부분과 관련되거나 연결되는 부분들만 모아서 우선적으로 공부하는 것이다.

둘째, 일의 개수를 줄여보는 것이다. 현재 몰입하지 못한다는 것은 인지적 비용을 수행해야 할 일에 쓰지 않고, 시간이 흐르고 있다는 사실을 인식하는 데 사용한다는 뜻이다. '시간'에 가 있는 뇌의 관심을 '일'로 돌리려면 일의 개수를 줄여 수행 부담을 줄여준다. 문제를 풀며 공부하는 경우라면 문제 중 가장 쉬워 보이는 문제를 먼저 풀어 남아 있는 공부량(일의 개수)을 줄여주는 식이다. 이 방법은 이성적이고 전체상을 파악하는 성향을 가진 사람에게 더욱 유용하다.

셋째, 현재 하는 일을 중단하고 재미나 즐거움을 느끼는 일로 전환한다. 인강을 듣다가 몰입 정도가 현저히 떨어졌다고 느끼면 인강 듣기를 중단하고 문제풀이를 하는 것이다. 이 방법은 현재 주어진 일에 감정을 더 많이 쏟는 성향을 가진 사람에게 유용하다. 다만 이때는 현재 하는 일의 종류(공부로 치면 과목) 자체를 바꿔서는 안 된다. 이는 이해의 흐름을 끊는, 한곳에 쏟았던 인지적 비용을 낭비하는 것이다.

★ 지루함이 느껴져 집중이 잘 안 된다면, 지금 하고 있는 일에서 재미를 느낄 수 있는 부분이 없는지 찾을 것.

★ 재미 있는 부분이 없다면, 형식 체계나 순서를 무시하고 할 일의 전체 개수부터 줄일 것.

9

단위에 맞춰 행동하는 인간의 성향을 이용한다

단위를 맞추려는 인간의 성향

나는 사법시험을 준비하던 시절에는 하루 열여섯 시간 정도 공부했다. 책상 앞에 앉아 있던 시간이 아니라 집중했던 시간을 측정한 것이다. 돌이켜 생각하면 20대였기에 가능했던 것 같다. 실제 이렇게 공부하라고 권하지는 않는다. 목표를 달성하고자 하는 비장함, 자기 선택에 대한 책임감의 예시로 유튜브나 인터뷰에서 자주 하는 이야기인데, 이에 대해 궁금해하는 사람이 많다. '처음부터 열여섯 시간씩 공부할 수 있었던 것이냐?' 같은 질문을 정말 자주 받는다.

중학교 때까지는 평범한 학생이었다. 고등학교 1학년 때는 프로게이머 연습생이었으며, 대학 4학년 때는 여전히 게임에 미쳐 공부는 등한시하고 학교로부터 제적까지 당했다. 중학생 때는 나보다 공부를 잘했던 동생을 미워하고 질투했다. 부모님께 공부를 열심히 하는 아들로 보이고 싶어 빨간 물감을 휴지에 묻혀 마치 코피를 흘린 것처럼 책상에 올려두기도 했다. 나는 공부에 그렇게 재능이 있지도, 뜻이 있는 아이도 아니었다. 그랬던 내가 어떻게 하루 열여섯 시간을 책상 앞에 앉아 공부에 몰입하게 된 것일까?

단위를 맞추려는 인간의 성향 때문이라고 말하고 싶다.[12] 어릴 때 나는 진득하게 책상에 앉아 있지 못했다. 오래 앉아봐야 30~40분 정도였다. 하지만 어떤 일에 열중해 있다가 중간에 관두는 일은 괜히 자존심 상하고 찜찜했다. 예를 들어 무언가를 읽고 있다면 보고 있던 챕터 또는 단락만큼을 읽고 자리에 일어나야만 하는 성미였다. 이처럼 주어진 범위나 일을 완전히 끝마치려 하는 성향을 '단위 편향Unit Bias'이라고 한다.

어렴풋이 그런 성향을 알고 난 후 나는 의도적으로 공부량을 늘렸고, 중간에 끊지 못하는 성향 때문에 자연스럽게 몰입 시간이 길어졌다. 이게 반복되고 지속되자 어느 순간부터는 분량이 아니라 스스로 부여하는 과제 자체를 모두 수행하기 전까지는 자리에서 일어나지 않게 되었다. '이번 시간은 ○○ 파트에 형광펜 표시했던 문제의 답을 모두 찾고, 스스로 납득될 때까지 설명해 보기'라고 설정했다면, 그 목표를 달성해야만 자리에서 일어났다.

만약 어떤 것을 하다가 엉덩이가 들썩거리고 집중이 깨질 것 같으면 '지금 하던 것까지만 끝내고 일어나자'는 말을 스스로에게 해보자. 그렇게 스스로와의 약속을 하나씩 지켜가다 보면 나중에서는 열여섯 시간씩 앉아 공부하는 '몰입 괴물'이 되어 있을 것이다.

목적과 수단의 역전현상과 시간계획의 실패

대부분은 시간을 기준으로 계획은 짠다. 아마 중·고등학교를 거치면서 경험한, 일대다 교육방식에 적합한 시간표에 익숙하기 때문이 아닐까 한다. 그래서 개인 시간표도 '몇 시부터 몇 시까지는 무슨 과목' 같은 식으로 짜는 것이 일반적이다. 앞에서도 말한 바 있지만, 시간을 기준으로 계획을 세우면(시간계획) 실행상황일 때 '자리에 앉아 있기'를 수행할 가능성이 크다. 본래 목표인 '해야 할 일'에는 몰입하지 못하고 말이다. 엄밀히 따지면 '함수를 이해한다'가 수행목표고, '한 시간 동안 책상 앞에 앉아 있는다'는 수행목표가 아니라 수행수단(방법)인데, 이걸 헷갈리는 일이 많다.

목표를 달성하기 위한 구체적인 수행을 계획하고 있다면 반드시 '수행목표'를 명심해야 한다.

> ★ **시간 단위로 할 일을 계획하고 수행하지 말 것.**
>
> ★ **할 일은 분량 단위로 계획하고, 계획을 모두 수행했을 때 자리에서 일어설 것.**

10 멀티태스킹을 멀리하라

사람은 생각보다 똑똑하지 않다

제한된 시간 내에 많은 일을 처리하는 사람들의 공통점으로 꼽히는 게 있다. 멀티태스킹multitasking을 잘한다는 것이다. 하지만 일반적으로 생각하는 멀티태스킹과는 다르다. 어떤 일을 조금이라도 미리 해놓고, 그 일이 진행되는 동안 다른 일을 하는 식이다. 진정한 의미의 멀티태스킹이라고는 할 수 없다.

몰입은 인지적 자원을 하나의 대상에 온전히 쏟아붓는 것이어서, 개념적으로 멀티몰입, 멀티태스킹이 불가능하다. 또한 인간의 뇌도 멀티태스킹에 적합하지 않은 구조를 가지고 있다.

어떤 일을 처리하는 뇌의 부분을 작업기억이라 하고, 뇌의 기억과 관련된 부분은 크게 '단기기억'과 '장기기억'으로 나눈다. 단기기억 중에서 현재 하는 일을 처리하는 일이 작업기억의 역할이다. 그런데 과거에는 이 작업기억의 용량에 대한 오해가 있었다. 작업기억의 용량이 크면 동시에 많은 일을 처리할 수 있고, 용량이 작으면 그렇지 않을 거라고 생각했다. 과거에는 그 용량을 기본적으로 일곱 개로 봤다. 일곱 개의 일을 동시에 처리하는 게 기본이고, 머리가 안 좋으면 -2개, 머리가 좋은 사람은 +2개의 일을 처리한다고 생각했다. 하지만 최근의 연구 결과는 이와 다르다. 작업기억의 용량은 충격적이게도 최대 4개, 즉 통상적으로는 2~3개 정도의 일만을 처리할 수 있는 정도라는 것이 밝혀졌다.[13]

이 연구 결과를 보고 한 번에 2~3개를 생각할 수 있으니 멀티태스킹이 가능하지 않은가, 라는 반문을 할 수도 있다. 하지만 우리가 무언가를 할 때는 정말로 그 일만 하는 것이 아니다. 다음 할 일을 생각하고, '시간 내에 처리하지 않으면 어떻게 될 것인지'와 같은 생각을 기본적으로 한다. 이미 여기서 뇌 용량의 상당 부분, 거의 모든 인지적 비용을 사용한다. 결국 뇌는 구조상으로도 멀티태스킹에 적합하지 않은 것이다. 따라서 몰입을 위해서는 멀티태스킹은 피하고, 반드시 한 번에 한 가지 일만을 하는 습관을 들여야 한다.

동시에 여러 성과를 내기 위해서는

여러 가지 일을 동시에 처리하고, 몰입하는 방식의 멀티태스킹은 불가능하지만, 거시적인 시각 또는 일의 결과와 성과가 만들어진다는 측면에서의 멀티태스킹은 가능하다. 이는 어려운 것은 아니고, 어떤 일을 미리 수행한 후 그 일이 완성되는 동안 다른 일을 순차적으로 하면 된다. 실행에서는 전혀 멀티태스킹이 일어나지 않는다. 다만 결과를 놓고 보니 동시에 많은 일을 한 것처럼 느껴지는 것뿐이다.

또한 구체적인 일을 할 때도 그 일을 구성하는 세부적인 일들을 나누어서 순차적으로 처리해도 마치 멀티태스킹을 한 것과 같은 효율을 발휘할 수 있다. 이 방법은 뇌의 구조와 몰입을 정확하게 사용하는 것이다. 예를 들어 '기획서 쓰기'를 해야 한다. '10분간 꼭지 쓰기, 20분간 내용 쓰기, 15분간 근거자료 리서치, 5분간 오탈자 체크'와 같은 식으로 일을 나눈 후에, 각 항목에 10분, 20분, 15분, 5분을 부여하고, 각각의 일에 완전히 몰입하는 것이다. 이는 처리하는 구체적인 그 일을 기준으로 보면, 오직 한 가지 일에만 몰입하고 있는 것이므로 '언제나 한 가지 일만 하는 습관'이라고 바꾸어 표현할 수도 있다.

★ **한 번에 한 가지 일을 하는 습관을 들일 것.**

★ **할 일은 우선순위에 따라 순차적으로 하나씩 처리할 것.**

11 순도 높은 몰입의 순간만을 활용하는 법

사람마다 '몰입 배터리'가 다르다

약정기간이 지나 스마트폰을 바꿀 때면 항상 놀라는 것이 있다. 새로 교체한 스마트폰은 충전하지 않는데도, 배터리가 잘 떨어지지 않는다. 온종일 오만 앱을 다 실행하며 가지고 놀아도 말이다. 원래 쓰던 스마트폰은 어떠한가? 풀충전하고 출근했건만 얼마 사용하지도 않았는데 배터리가 이미 절반 이하로 떨어져 사무실에서 다시 충전기를 꽂고 있게 된다.

몰입을 발휘하기 위해 사용되는 정신 에너지는 스마트폰 배터리와 유사하다. 사람마다 가진 에너지 용량과 성능이 다르다. 그에 따라 몰입의 지속시간도 다 다르다. 만약 마치 오래된 스마트폰과 같은 몰입 배터리를 가진 사람이라면 용량이 작거나 성능이 좋지 않아 몰입 시간이 짧고 몰입 배터리 자체도 빨리 닳는다. 최신 스마트폰과 같은 몰입 배터리를 가진 사람이라면 용량이 크고 성능이 좋아 몰입 시간이 비교적 길고 몰입 배터리 자체도 빠르게 소모되지 않는다.

이를 모르고 어떤 사람들은 오래 몰입하지 못하고 쉽게 집중력이 흐트러지는 자신을 ADHD라고 의심하거나, 다른 사람들과 비교하며 자책하거나, 노력해도 잘되지 않을 거라 한탄하는 등 다른 사람이 자신에게 했다면 화를 냈을 일들을 스스로 서슴없이 한다.

집중의 내구력과 '뽀모도로' 기법

타고난 몰입 배터리의 용량이 작거나 빨리 소모되는 편이라면 그만큼 자주 충전을 해주면 된다. 사람에게 있어 몰입 배터리를 충전하는 방법은 뇌를 휴식시키는 것이다.

어떤 사람들은 휴식을 취하면 기껏 만들어 둔 몰입이 사라질까 봐 걱정하는데 그럴 필요 전혀 없다. 일단 휴식을 취하라. 그런 다음 기존에 하던 일에 대해 형성된 몰입의 정도가 사그라지지 않도록, 또한 휴식 후에 곧바로 금방 하던 일로 돌아올 수 있도록 휴식의 형태나 방법, 시간을 조절한다. 내가 추천하는 방법은 휴식 시간에도 시간을 재면서 쉬는 것이다. 그리고 그 쉬는 동안 아무것이나 하면서 휴식을 취하는 것이 아니라, 어느 정도 스트레스를 해소해 주되, 현재 하는 일보다 덜 매력적이고 끌리지는 않는 일을 하면서 휴식을 취한다. 그렇지 않으면 휴식 후에 본래 하던 일로 돌아가는 것이 너무 힘들어 결국 몰입이 깨지게 된다.

적절하게 휴식을 취하면 몰입 배터리는 충분히 충전된다. 그러면 다시 해야 할 일로 돌아갔을 때 최고의 몰입도를 만들 수 있다. 이를 이용한 몰입법이 '뽀모도로Pomodoro 기법'이다. 뽀모도로는 이탈리아어로 토마토라는 뜻으로, 현재 경영 컨설턴트로 일하는 프란체스코 치릴로Francesco Cirillo에 의해 만들어졌다. 그가 대학생일 때 엄마의 토마토 모양 부엌 시계를 이용해 공부했다고 하여 이런 이름이 지어졌다. 뽀모도로 기법은 일정 시간 동안 집중하되, 그 시간을 매우 짧게 분배한다. 그리고 그 사이사이 규칙적으로 짧은 휴식을 취한다. '25분 공부-5분 휴식-25분 공부-5분' 휴식과 같은 순서로 수행하는 것이다. 이 방식은 몰입의 최고조 상태에서 일을 수행하게 하고, 휴식도 수행하던 몰입도가 크게 떨어지지 않게 짧게 취하며 몸을 회복시킨다. 그리고 바로 다시 빠르게 최대의 몰입도를 끌어내 일을 수행하게 한다.

그런데 많은 사람들이 뽀모도로 기법에 대해서 오해하는 게 있다. 바로 '25분 공부-5분 휴식'의 사이클이다. 이를 형식적으로 이해해서 뽀모도로 기법이 '반드시 25분 공부 후에 5분을 쉬어야 하는 것'으로 잘못 이해하는 경우가 매우 많다. 치릴로의 핵심은 내 인지적 능력, 즉 몰입의 정도가 최대치에 달하여 떨어지기 전에 휴식을 취해 몰입 배터리를 보충하라는 것이다. 자신의 경우 25분 정도가 한계였을 뿐이지, 누구나 25분을 해야 한다는 건 아니다. 자리에 한 번 앉으면 세 시간 정도는 끄떡없는 사람이 25분씩 끊어서 공부하는 것은 비효율의 극치이자 몰입에 있어서는 엄청난 낭비다.

- ★ **몰입 배터리는 사람마다 다름을 받아들일 것.**
- ★ **몰입 배터리 용량이 애초에 작다면, 자주 쉬며 충전하되, 빠르게 할 일로 복귀하도록 신경 쓸 것.**
- ★ **최고로 집중력을 발휘할 수 있는 시간 길이를 기록하고 그 시간만큼은 몰입하는 습관을 들일 것.**

12

몰입하고 싶다면 타인까지도 활용하라

타인의 존재는 몰입에 도움이 될까, 방해가 될까

타인의 존재는 몰입에 있어 일정한 조건을 만족시킬 때와 제한적인 상황 속에서만 도움이 되고, 일반적으로 도움이 된다고 할 수 없다. 즉 특수한 조건이 충족되지 않았다면 혼자만의 시간을 갖는 것이 몰입에 더 유리하다. 하지만 타인의 존재와 수행능력의 연관성에 관한 행동경제학·정보학 연구를 살펴보면 몇 가지 의미 있고 새로운 관점을 얻을 수 있다. 그 내용을 네 가지 유형으로 나눠 살펴본다. 첫째, 지인이나 동료, 친구들과 함께 스터디를 하는 경우, 둘째, 연인이나 이성 친구와 함께 공부하는 경우, 셋째, 불특정다수의 사람들이 있는 카페 등 공개된 장소에서 공부하는 경우, 넷째, 협업·분업체계 속에서 일을 하는 경우로 나누었다.

지인이나 동료, 친구들과 스터디를 하는 경우

누군가와 어떤 일을 함께하면, 그 사람의 업무성과나 사고방식 등에 영향을 받아 수행능력이 올라가고, 몰입의 질이 높아지는데 이를 '동료 효과Peer Effect'라고 한다.[14] 다만 타인과 함께한다고 하여 언제나 그런 효과가 생기는 것은 아니다. 일정한 조건을 갖춰야 한다. 다음에 직장인이나 자기계발을 하는 사람이 동료 또는 친구와 스터디를 할 때와 수험생이 스터디를 할 때를 나눠 설명하도록 하겠다.

동료 효과의 다섯 가지 조건

동료 효과를 누리기 위한 첫 번째 조건은 함께하는 사람 중에 나보다 실력이 좋은 사람이 한 명이라도 있어야 한다. 동료 효과가 발생하는 가장 큰 이유를 살펴보자. 나보다 잘하는 사람이 나를 지켜보고 있다고 생각하면 그 사람 기준에 맞추려 하고, 그 사람과 같은 사고방식이나 행동을 따라 하고 싶어 하는 심적인 압력을 받는다. 수준이 비슷한 사람들끼리 모여서는 공부가 잘되기보다는 친목 모임으로 전락할 가능성이 높다.

두 번째 조건은 스터디를 할 때는 반드시 서로의 공부 상황을 관찰할 수 있는 환경을 조성해야 한다. 다른 사람, 특히 나보다 잘하는 사람이 어떻게 공부를 하고 있는지 그 진행 경과를 확인할 수 있어야 한다. 직접 만나서 스터디를 할 수도 있지만, 요즘에는 온라인 화상을 통해서도 얼마든지 같은 효과를 거둘 수 있다. 따라서 단톡방에 출석체크를 하는 등의 행위는 인지적 비용 낭비에 불과하다.

세 번째 조건은 스터디에 참여하는 사람들 중 적대적이거나 대립관계, 선의를 넘는 경쟁관계에 있는 사람이 있어서는 안 된다. 이 경우는 오히려 그런 사람의 존재로 인하여 심적으로 위축되거나 과도한 스트레스를 받는 등 몰입에 방해가 된다. 따라서 사이가 안 좋거나 그 존재로 인해 스트레스를 받는다면 속히 스터디를 관두는 게 좋다. '절이 싫으면 중이 떠난다'는 말을 기억하자.

네 번째 조건은 스터디 참여를 통해 전체 실력 향상에 기여한다는 동기부여 수단이 존재해야 한다. 예를 들면 각자가 진도를 나누어 공부해 온 것을 요약정리해 오거나 다른 사람에게 설명하고 그에 대한 솔직한 평가를 나눔으로써 그룹 전체 실력향상에 이바지한다는 점을 확인할 수 있어야 한다. 따라서 이른바 '진도 강제 스터디'나 '생활 스터디' 같은 스터디는 공동 과제나 공통적인 실력 향상 목표가 없기에 몰입에 별반 도움이 되지 않는다. 한편 이러한 공동체적 관계는 그 구성원이 좋은 성과를 거둠으로써 수행능력이 올라가는 효과도 있으므로, 팀을 나누어 경쟁하는 방법도 활용할 수 있다.

다섯 번째 조건은 공부 방법 측면에서 스터디원들이 암묵적으로 동의하거나 전제하는 의견이 있을 때, 그 방향성이 맞는지 검토하고 비판할 수 있는 환경이 조성되어야 한다. 어떤 공통의 목적을 가진 집단에 속한다는 것은 그 자체로 두 가지 위험을 내포한다. 하나는 우리 집단은 완벽하다는 착각에 빠지는 것이고, 다른 하나는 집단적 사고가 형성된 이후 개인의 의견이 무시되고 점차 단일화 된다는 것이다.[15]

연인이나 이성 친구와 함께 공부하는 경우

연인이나 이성 친구와 함께 스터디를 하거나 공부하는 경우가 있다. 그런데 이 경우 대부분 공부를 빙자한 연인관계의 강화가 목적이 된다. 물론 그러한 인간관계 부분도 몰입에 일정 부분

기여하는 바가 없지는 않다. 내가 잘 보이고 싶은 사람이 나를 관찰하고 있다는 사실은 나의 평가를 좋게 만들려는 목적 때문에 성취도가 증가(관찰자 효과Observer Effect)한다.[16] 나를 바라보고 있는 관찰자가 원하는 방향으로 행동하는 것이다.

연인이나 이성 친구와 함께 공부할 때는, 두 사람이 관계가 어느 정도 시간이 지났거나 공부를 향한 강한 열망으로 인해 '동료 효과'를 누릴 수 있는 여러 조건을 갖춘 경우가 아니라면 큰 도움이 되지 않는다. 특히 연애 초기라든지 서로에 대한 마음이 뜨거울 때는 공부보다 관계의 향상이 목적이 되는 일이 많다.

동료 효과를 누릴 수 있는 조건에 완벽하게 부합하는 예를 들어본다. 공부를 잘하는 사람과 그로부터 배우려는 사람이 교제하는 경우다. 다만 공부를 잘하는 사람은 상대에게 잘 보이고 싶은 관찰자 효과의 적용을 받을 뿐이므로 몰입이나 성취의 정도가 배우려는 사람보다는 낮을 수밖에 없다. 이 때문에 공부를 잘하던 사람과 그렇지 못한 사람이 교제를 시작해서 같이 공부했을 때, 공부를 잘 못했던 사람이 먼저 목표를 달성하는 경우가 꽤 자주 생긴다.

참고로 자신이 여기서 말하는 '공부를 잘하는 사람'에 해당한다고 해서 실망할 필요는 없다. 누군가에게 대가 없이, 또는 더 적은 대가를 받고 재화·가치를 전하는 사람을 '기버Giver'라고 하는데, 프랑스의 사회학자인 마르셀 모스Marcel Mauss에 의하면 그러한 교환 형태가 더욱 바람직하고, 와튼스쿨의 심리학 교수인 애덤 그랜트Adam Grant는 그의 책 '기브 앤 테이크Give and Take'에서 기버야 말로 최후의 승자가 된다고 역설한 바 있다.

불특정다수의 사람들이 있는 장소에서 공부하는 경우

관찰자 효과는 반드시 아는 관계에서만 일어나지 않는다. 즉 모르는 사람들이 있는 곳에 가더라도 그 사람들이 나를 보고 있다는 느낌을 받으면 관찰자 효과에 따른 몰입 정도가 상승한다. 그 대표적인 예가 카페 같은 장소에서 공부하는 것이다. 무인카페에서 공부하는 것은 바깥바람을 쐬어 기분이 좋아질지는 몰라도 공부에 도움이 되는 관찰자 효과를 얻을 수 없다.

카페에서는 내가 원하는 대로 음악의 종류나 음향, 타인의 소음 등을 조절할 수 없다. 앞서 살펴본 여키스-도슨 법칙에 따르면 음향과 소음은 내 각성 정도와 몰입의 정도에 영향을 미친다. 이 점도 함께 고려하여 각성 정도가 낮을 때는 시끄럽고 비트가 센 음악이 있는 곳으로, 적정한 각성 정도가 되었거나 너무 높아졌을 때는 잔잔하고 조용한 음악 또는 음악이 나오지 않는 곳으로 이동하는 게 좋다.

협업·분업체계 속에서 일하는 경우

직장에서도 타인의 존재를 몰입에 활용할 수 있다. 협업이나 분업을 하는 경우 당연히 동료 효과가 적용되고, 앞서 말한 조건들을 모두 지키면 몰입의 정도가 상승한다.

또한 직장에서는 관찰자 효과도 적용된다. 다만 관찰자 효과는 누군가가 내 업무 상황을 관찰하고 있고, 내가 그 기대에 부응하고 싶다는 심정적인 이유, 즉 인간관계에의 욕구를 바탕으로 하는 것이므로 이런 조건이 갖춰져야 한다. 그러나 이를 넘어 모든 것을 감시하고 체크한다는 느낌이 들어서는 안 된다. 이는 미셸 푸코가《감시와 처벌Surveiller et punir》에서 말한 '판옵티콘Panopticon'과 다를 바 없는 것으로, 그 경우에는 오히려 몰입에 방해를 받아 업무능력이 떨어진다.

- ★ **지인 또는 동료와 함께 수행할 때는 그룹에 실력이 좋은 사람을 포함할 것.**
- ★ **적대적인 사람과는 함께하지 말 것.**
- ★ **그룹 또는 모임 참여로 몰입 환경을 조성하고자 한다면 수시로 그룹 방향성을 검토할 것.**
- ★ **친구 또는 연인 관계라면 관계 발전이 목표가 아닌지 검증할 것.**
- ★ **몰입 환경으로 카페 등 불특정인이 나를 보는 곳을 활용할 수도 있다.**

13 몰입에 이르는 선택구조 설계하기

몰입에 빠져드는 루틴 만들기

자연스럽게 집중 상태에 이르고, 그 상태를 유지하게 하는 몰입 최적화의 가장 좋은 방법은 몰입 루틴을 설계하는 것이다. 지금까지 목표 달성을 위해 순간순간 이성적인 사고와 판단을 어떻게 해야 하는지를 중점으로 이야기를 해왔는데, 몰입 루틴은 의식하지 않아도 좋은 판단을 쌓을 수 있게 한다.

몰입을 위해서는 좋은 선택을 누적시켜야 한다. 아침에 눈을 떴을 때 바로 일어날지 조금 더 잠을 잘지, 세수를 하거나 밥을 먹는 동안 어떤 행동을 할지, 책상 앞에 앉은 후 어떤 행동을 가장 먼저 해야 할지, 몰입의 질이 높아지면 이를 어떻게 유지할지, 몰입이 중간에 깨지면 어떤 행동으로 복구시킬지 등 꼬리에 꼬리를 무는 선택의 순간순간에 최적의 결정을 할 때만 비로소 몰입이라는 결과를 만들 수 있다.

선택은 언제나 내 의사대로 하는 것 같지만, 그렇지 않은 경우도 있다. 별다른 생각을 하지 않고, 사람의 본능과 빠른 사고 방식을 이용하여 자연스럽게 일정한 선택을 하도록 유도할 수도 있다. 마치 홈이 파인 곳에 물을 흘리면 그 홈을 따라 물이 흘러가듯, 내가 원하는 방향으로 미리 사고가 흐를 홈을 파두는 것이다. 이처럼 선택하는 사람에게서 자유로운 의사결정의 여지는 뺏지 않지만, 별다른 생각이 없으면 자연스럽게 주변 환경이나 상황을 설계한 사람의 의도대로 선택하게끔 유도하는 방식이 바로 '넛지nudge'다. 넛지는 '유도'라는 뜻이다. 예를 들어 쇼핑몰 사이트 회원가입을 할 때 '전체 동의'라는 버튼이 있다. 이걸 누르면 불필요한 광고성 메일 수신 동의 등이 한 번에 모두 체크된다. 이때 불필요한 것들의 체크 항목을 확인하지 않으면, 사이트를 설계한 사람의 의도대로 행동이 유도된다. 넛지를 포함해 이와 같은 선택이 이루어지는 주변 조건을 설계하는 것을 '선택설계 또는 선택 아키텍처Choice Architecture'라고 한다.[17] 이 책에서는 보다 쉽게 '선택(을 하는) 구조 설계하기'라는 용어를 사용한다.

몰입 스위치 설계하는 법

선택구조를 설계하는 원리는 간단하다. 많은 사람들이 본능과 직관에 따라 손쉽게 판단하는 경향이 있다는 사실을 이용하여 특정한 선택을 하게끔 만드는 것이다. 인간의 본능을 이용하여 몰입에 도움이 되는 바람직한 선택을 하도록 유도하는 방법 세 가지를 알아보기로 한다.

첫째는 현재 상태 그대로를 유지하려는 성향을 이용한다(현상 유지 편향Status Quo Bias). 이를 이용한 선택설계의 예로는, 인강을 듣기 위해 컴퓨터를 켜면 자동실행으로 인강 사이트 접속이 가능하게 설계해 두고 나머지 프로그램과 아이콘은 별도의 폴더에 밀어 넣는다. 또는 스마트폰의 첫 화면을 빈 화면으로 해두고 몇 번을 넘겨야만 원하는 앱을 실행할 수 있게 해둔다.

둘째는 이익보다 손실에 더욱 민감하게 반응하여 손실을 더 회피하고자 하는 성향을 이용한다(손실회피 경향Loss Aversion).[18] 앞서 상과 벌 중 무엇을 선택해야 하는지에서 들었던 예가 모두 이에 해당하는데, 핵심은 상보다는 벌을 활용하는 것이었다. 스스로와 약속한 공부시간을 못 채우면 '주말에 쉬지 않는다'와 같은 손실이 오게끔 설계를 한다. 한편 특정 행동 시 혜택을 부여하는 방식은 그 행동이 목적이 되므로(수단적 동기, 앞서 연인이 함께 공부하는 예도 떠올려 보자) 효율적이지 않다.

셋째는 이 책의 서두에서 집중적으로 설명한 '정당화 용이성

Ease of Justification'이다.[19] 부정적 어감이 없긴 하지만 판단에 있어 '귀차니즘'으로 바꾸어 불러도 큰 문제가 없다. 사람은 손쉽게 자신의 판단을 정당화시킬 수 있는 근거가 있을 때 그러한 선택을 선호한다는 의미다. 여기에 해당하는 예로는 책을 읽을 때 이미지나 도표, 목차보다 손쉽게 인지할 수 있는 것들을 먼저 읽는다. 금세 인식할 수 있는 것을 먼저 공부하는 것이다. 합격 수기를 열심히 읽고 분석하는 것도 이에 해당한다. 어떤 결정이 어떤 결과로 이어지는지를 지난한 공부 과정을 거치지 않아도 손쉽게 알 수 있기 때문이다. 한편 각종 학원이나 프로그램 등에서 사용하는 공부 결과에 대한 피드백을 시각화하거나 도표화하는 등으로 보기 쉽게 제공해 주면서 현재의 공부 정도를 한눈에 볼 수 있게 해주는 것도 이에 해당한다.

지금까지의 내용이 몰입 루틴을 시작하는 일반적인 원리였다. 다만 주의할 점은 이러한 것들은 어디까지나 선택단계에서 판단을 용이하게 해주는 것일 뿐, 그 이후의 몰입과 본격적인 몰입에까지는 적용되는 것은 아니다. 즉 몰입을 시작하게 해주는 루틴만으로 몰입의 문제가 모두 해결되는 것은 아니니 이후에는 각자가 최선의 노력을 쏟아 몰입을 이루어내야 한다.

나의 몰입 루틴

몰입 루틴은 몰입에 진입하기 위한 루틴뿐 아니라 몰입에 진입한 이후에 그 상태를 유지하기 위한 루틴, 몰입 상태에서 벗어났을 때 복구하기 위한 루틴까지를 모두 포함하는 개념이다. 앞서 몰입에 진입하기 위한 루틴인 '몰입 스위치'를 설명했는데, 여기서는 전반적인 몰입 루틴에 대해 설명한다.

일단 나의 몰입 루틴은 전날 잠자리에 들기 전부터 시작된다. 잠자리에 누웠을 때 잠들 대략적인 시간을 계산한다. 그리고 그 시간으로부터 1.5시간의 배수로 잤을 때 덜 피곤할 것 같은 시간을 계산하고 알람을 맞춘다. 알람은 1.5시간의 배수로 하나씩만 맞춘다. 누운 후에는 소리가 없으면서 자극적이지 않은 영상을 보거나 전자책을 읽는다. 이를 통해 자연스럽게 각성 정도를 낮추고 숙면을 취할 수 있다.

잠에서 깨었을 때는 체력과 정신력이 바닥난 상태가 아니라면 절대로 다시 눕지 않는다. 딱 하나만 하자는 식으로 단위 편향을 작동시켜 '일어나서 물을 묻힌 김에 씻자', '씻은 김에 완전히 깨자'는 식으로 생각한다. 잠에서 깬 후에는 각성 정도를 높이는 데 도움이 될 수 있게 커피머신 스위치를 켠 후 바로 컴퓨터를 켜고 자리에 앉는다.

내 컴퓨터 바탕화면에는 전날 일하던 것이 바로 뜬다. 일부러 이렇게 설정을 해뒀다. 현상 유지 편향을 이용한 것이다. 만약 전날 하던 일을 이어서 하고 싶은 상태가 아니라면, 유튜브를 켜고 익숙한 음악을 튼다. 음악을 들으면서 할 일을 하다가 귀에 음악이 들릴 때쯤 끄고 완전히 몰입하며 할 일을 전환한다.

할 일에 몰두하다 인지적 자원을 모두 소비했다고(뇌가 지친다고) 느낄 때는 두 가지 선택지 중 하나를 택해 휴식을 취한다. 뇌가 사고를 할 수 있게 돕는 재료인 포도당을 섭취하거나, 잠시 스트레칭을 하고 뇌에게 쉴 수 있는 시간을 준다. 만약 완전히 몰입이 안 될 정도라고 느낀다면, 식사를 하거나 산책을 하는 등 하던 일에서 완전히 손을 떼고 다시 몰입 상태에 들어갈 수 있도록 준비한다.

다시 할 일에 집중하게 되면 마찬가지 루틴을 반복한다. 만약 몰입 상태에의 재진입이 실패했다면 적은 정도의 집중력으로 처리할 수 있는 일을 하거나, 내일 또는 그 이후로 일을 분산시키는 계획을 세운다.

- ★ **의식적으로 노력하지 않아도 자연스럽게 몰입 과정에 빠져드는 루틴을 만들고 활용할 것.**
- ★ **현상을 유지하고 손실에 민감하며 쉽게 판단할 수 있는 것에 끌리는 본성을 이용하여 선택구조를 설계할 것.**

3부

더 나은 몰입을 위하여

유지·관리

피드백으로 몰입 관리하기

1

정확한 판단을 위해서는 '이것'을 분리해야 한다

그래서 어떻게 하면 메타인지를 할 수 있나요?

뭔가 문제가 있는 것은 알겠고, 그 문제를 해결하기 위해 피나는 노력을 하는데도 상황이 전혀 바뀌지 않는 경우를 종종 본다. 이는 문제 원인을 제대로 파악하지 못하거나 엉뚱한 해결책을 적용한 결과다. 이런 어려움을 여러 번 반복해 경험했다면 메타인지가 부족할 가능성이 크다. 그런데 대체 메타인지가 뭘까? '메타Meta'는 영어의 '비욘드Beyond'에 해당하는 단어다. 즉 '무언가를 넘는다'는 뜻이 담겨있다. 그렇다면 무엇을 넘어선다는 의미일까? '인지Cognition'는 우리가 알고 있는 그 의미이고, 다만 여기서는 목적어가 생략되어 있다. 여기서의 목적어는 바로 '나 자신'이다. 나 자신을 넘어서, 나보다 높은 경지에서 나를 객체(목적어)로 바라본다는 것이 메타인지의 진정한 의미다. 이렇게 보면 메타인지라는 것은 나를 넘어서서 나를 바라본다는 의미가 된다.

한편으로 어떠한 단어를 이해하기 위해서는 그 단어가 탄생한 맥락을 파악해야 한다. 메타인지는 미국의 아동발달 심리학자인 존 플래벌John Flavell이 처음으로 사용한 용어다.[1] 누군가를 양육하거나 지도를 하기 위한 개념으로 사용된 것이다. 이후 메타인지는 교육심리학으로 옮겨와 '학습 기술의 일부'로 인정받게 되었다. 탄생 맥락에서 생각해 본다면, 메타인지에서 나 자신을 하나의 대상으로 바라볼 때의 세부적인 포커스는 나 자신이 하는 행동과 습득 방식에 맞춰진다고 볼 수 있다. 즉, 결론적으로 메타인지란 내가 무언가를 습득하고 이해하는 방식을 제3자적인 입장에서 파악하는 것이다.[2]

판단 주체와 객체가 같을 때 발생하는 문제점

직장동료가 치명적인 실수를 해서 팀원 모두가 욕을 먹게 되었다면, 당신은 어떤 기분이 드는가? 학교에서 조별 과제를 내주었는데, 팀원 한 명이 자신이 맡을 부분을 해오지 않아 전원이 최하점을 받게 되었다면? 두 경우 모두 대개 분노의 감정이 들 것이다. 그 사람과의 인간관계를 끝내려 생각할지도 모르겠다.

그런데 만약 그 상황에서 그 문제를 만든 사람이 친구가 아니라 우리 부모님 또는 내 자식, 내 형제라면 어떨까? 그때도 이런 생각을 할 수 있을까? 아마 그렇지 않을 것이다. 만약 나 자신이라면 어떨까? 내가 그런 실수를 했고, 나를 바라보는 사람들의 눈초리가 너무도 따가울 때, 나는 잘못을 인정하는가, 그저 상황을 모면하려 하는가?

사람은 스스로에게는 한없이 관대한 면모가 있다. 그렇기에 나에 대한 평가는 절대로 객관적일 수가 없다. 그렇다면 나 자신을 대상으로 한 습득의 방법 등을 평가하는 메타인지는 과연 정확하다고 볼 수 있을까? 만약 그렇지 않다면 어떠한 방법으로 메타인지의 정확성을 담보할 수 있을까?

메타인지의 정확도를 높이기 위해서는, 내가 나를 판단하고 평가하는 상황에서 벗어나면 된다. 나를 제3자 대하듯 하는 것이다.

어떻게 해야 타인 대하듯 나를 대할 수 있을까? '기록'을 추천한다. 종이에 쓰여 있는 사람, 그 사람의 행동과 결과, 오로지 그것만이 평가의 대상이 되게 한다. 즉 메타인지의 핵심은 바로 기록이다. 이를 통해 '메타인지를 하는 대상'과 '그 대상에 대하여 메타인지를 하는 주체'가 서로 분리될 수 있다. 따라서 앞으로의 내용은 기록, 즉 메타인지가 발휘되고 있다는 것을 전제로 설명할 것이다.

★ **나 자신이 아니라 내가 한 행동을 대상으로 평가할 것.**

★ **종이에 기록한 것을 기초로 판단할 것.**

2 뇌는 두 가지 장면만을 기억한다

최고의 순간과 마지막 순간

살면서 가장 행복했던 순간은 언제인가? 지금까지 갔던 여행지 중에 가장 기억에 남는 곳은 어디인가? 초등학교 졸업식 날 기억에 떠오르는 장면이 있는가? 이 모든 질문에 답을 할 때 머릿속에서 동영상이 재생되는 듯한 느낌을 받은 적이 있는가? 아니면 단지 몇 장의 사진만이 스쳐 지나갔을 뿐인가?

사람은 어떤 일을 경험하면 그 일을 영상의 형태가 아닌 사진의 형태로 저장한다. 즉 눈으로 사진을 찍은 후 머릿속에 사진첩을 만들어 저장하는 것이다. 그런데 삶의 모든 순간, 특히 학창 시절 공부할 때의 모든 순간이나 교과서를 읽던 그 순간들을 모두 기억하면 좋겠지만, 아쉽게도 선별된 순간들만 머릿속에 사진의 형태로 남긴다. 한편 그 선별된 순간들은 무의식이 선정하는데, 단 두 컷에 그친다. 해당 기억을 떠올릴 때 가장 기억에 남는 감정적으로 최고점을 찍는 순간Peak과 마지막End의 순간이다.[3]

부정적인 장면이 떠오를 때 해야 하는 일

몰입의 경험이 실패로 끝났을 때를 상상해 보자. 예를 들어, 큰 프로젝트에 오랜 기간 몰두했는데 결과가 안 좋았거나 열심히 공부했음에도 성적이 낮거나 불합격을 한 경우, 과정을 떠올리면 무엇이 떠오르는가? 감정적으로 최고점을 찍었을 때나 마지막 기억이 부정적이라면 앞으로의 몰입에 어떤 영향을 미칠까? 나아가 부정적인 영향을 미친다고 하면, 그 부정성을 극복하기 위해 무엇을 해야 할 것인가?

어떤 사람과 만날 때 또는 일할 때를 생각해 보자. 아무리 장점이 많은 사람이라도 일단 단점 하나가 인식되기 시작하면, 그리고 그것이 한번 거슬리기 시작하면 점점 그 단점이 더 크게

'느껴지게' 되지 않은가? 이때는 그 사람의 장점이 잘 보이지 않는다. 단 하나의 단점이 수많은 장점을 압도하게 되는 것이다. 반대로 단점 투성이인 사람과 함께 일하거나 만나는 경우, 그 사람에게 뜻밖의 장점 하나를 발견하게 되었다고 해서 그 사람이 좋아지지는 않는다. 이같이 부정적인 감정은 남아 있는 긍정사고에 영향을 미치고, 심지어 그것조차 부정적으로 바꾸어 버린다. 이를 '부정성 편향Negative Bias'이라고 한다.[4] 사람은 긍정적인 것보다 부정적인 것에 더 크게 반응을 보이는 것이다.

앞서 말한 P&E 법칙과 부정성 편향을 합쳐보면 한 가지 흥미로운 사실을 알 수 있다. 시험에 떨어졌거나 안 좋은 성과를 낸 사람이 지난 과정이 힘들었고 남는 게 없었다는 식으로 이야기할 때가 있다. 지난 과정에서 최선을 다했으나 결과만이 좋지 않은 경우라면, 이는 과거의 기억 중 가장 강렬한 것, 즉 최고점peak에 해당하는 '실패의 기억'이 부정성 편향에 따라 다른 값진 경험과 시간들까지 부정적으로 여기게 만들 수 있다. 사실은 지난 과정들이 내게 도움이 되었을 수 있고, 자신이 여전히 성장 중일 수 있음에도 자신의 인지와 기억은 이와 다르게 형성될 수 있는 것이다. 이런 사람들은 대게 새로운 도전을 시작할 때도 과거에 크게 얽매인다. 같은 실수를 반복하거나 같은 종류의 불운이 찾아왔을 때도 크게 걱정한다.

그러나 부정성 편향에 물들어 내 삶을 포기와 비관의 역사로 만들기에는 내 삶이 너무 아깝다. 다시금 도전하여 충분히 꿈을 이룰 수 있음에도, 뇌의 오류에 빠져 내 삶을 한 단계 더 높은 성취의 장으로 끌고 갈 기회를 놓친다면 너무 후회스럽지 않을까?

나는 시험에서 원하는 결과를 얻지 못한 수험생들에게 반드시 한 가지 과제를 내준다. 바로 시험 치기 전에 어떻게 공부했고, 당시의 느낌은 어땠는지를 묻는다. 수험생 대부분은 과정에서 별다른 문제없이 잘 해왔으나 결과가 안 좋았다고 한다. 문제는 그 결과 하나로 자신의 모든 노력을 부정하고, 심지어 자신의 진정한 가치까지 비하하는 것이다.

부정적인 생각 한 개를 없애기 위해서는 긍정적인 생각 네 개가 필요하다고 한다. 이는 단순하게 긍정적인 생각을 많이 하라는 의미가 아니다. 내 삶에 부정적인 사건이 발생했을 때, 그 사건이 내 삶을 비관과 좌절로 물들이지 않게 해야 한다는 뜻이다. 부정적인 사고가 내 삶을 지배하려 들면 평소보다 내 삶을 긍정적으로 바꿔야 할 책임이 나에게 있다고 생각하며 네 배의 노력을 해야 한다.

- ★ **수행 결과가 안 좋아서 부정적인 생각이 떠오른다면, 그 생각들이 참인지 종이에 쓰면서 점검할 것.**
- ★ **수험생은 시험 한 달 전부터 시험 당일까지 했던 일과 그때 기분을 기록할 것.**
- ★ **부정적인 생각이 들면 그 네 배 이상의 긍정적인 생각을 할 것.**

3 칭찬을 좋아하는 뇌, 꾸중을 싫어하는 뇌

뇌는 상과 벌 중 무엇에 더 예민할까

일을 하고 성과를 낸 만큼 추가적으로 금전적 보상을 지급하는 성과급(인센티브) 제도가 있다. 노력에 상응하는 보상을 약속하여 동기를 촉발시키고자 하는 제도다.

만약 이와 반대되는 제도를 회사에서 시행한다면 어떨까? 회사가 원하는 성과를 내지 못했다고 월급을 깎는다면? 현실에서는 뭐 이런 회사가 다 있냐며 노동위원회에 제소하겠지만, 우리가 가정한 상황에서는 제소조차 허용되지 않는다면?

아마 다들 기를 쓰고 성과를 달성하려 열심히 일할 것이다. 사람은 본래 받던 것에서 추가로 더해지는 것에 대해서는 아깝게 생각해도 비교적 쉽게 포기한다. 그러나 본래 받아야 할 것을 받지 못하게 되는 상황은 쉽게 받아들이지 않는다. 가능한 그런 상황을 만들지 않으려 한다. 이는 손실회피 경향에 따른 것이다.

뇌는 상보다는 벌에 더 민감하다. 여러 가지 이유로 성과급 제도가 시행되고 있기는 하지만, 성과급 제도는 행동심리학에서도 근거가 희박한 제도다. 사람은 그 보상을 얻기 위해서 노력하지만, 그 과정에서의 몰입은 일시적일 뿐이지 진정한 몰입으로 바뀔 가능성이 낮다.

목표를 향한 우리의 수행을 위해 상과 벌이라는 수단 중 하나를 선택해야 한다면 기꺼이 벌을 선택해야 한다. 스터디 참여를 열심히 하지 않으면 자동 탈퇴가 된다든지, 스스로 세운 계획을 실행하지 않으면 휴식을 취할 수 없다든지 하는 방식이 이론적으로는 수행과 몰입에 훨씬 효과적이기 때문이다.

칭찬에 목마른 사람과 꾸중이 두려운 사람

어떤 일을 했을 때 대개 결과가 좋으면 칭찬을, 결과가 별로

일 때는 꾸중을 듣는다. 앞의 내용에 따르면 칭찬은 상과 같은 의미로, 꾸중은 벌과 같은 의미로 이해할 수 있다. 즉 어느 경우든 몰입을 끌어올리기 위해서는 상보다는 벌을 줘야 한다고 결론 내리기 쉽다.

그러나 현실에 적용해 보면 상과 벌이라는 개념은 상대적이다. 예를 들어 남자 중·고등학생에게 〈리그 오브 레전드〉 게임을 한 시간 할 수 있게 해주면, 이는 상에 해당할 것이다. 반면에 70대 성인에게 〈리그 오브 레전드〉를 한 시간 할 수 있게 해주는 건 벌에 가깝다. 즉 어떤 일이 있을 때 그것이 어떤 사람에게 상이 될지, 벌이 될지는 그 사람의 나이, 성향 등을 고려하여 결정될 것이다.

이에 관한 독일의 저명한 심리학자인 옌스 푀르스터Jeans Forster 등의 연구 결과를 소개한다.[5] 진취적이고 발전과 변화를 원하는 사람에게는 칭찬이 상이 될 수 있지만, 반대로 보수적이고 현상 유지와 안정을 원하는 사람에게는 아무런 의미가 없다고 한다. 반면에 꾸중은 오직 현상 유지와 안정을 원하는 사람에게만 벌이 되고, 그렇지 않은 사람에게는 의미가 없다고 한다.

위 이야기를 몰입과 관련하여 생각해 보면 시사점을 발견할 수 있다. 첫째, 사람은 상보다는 벌에 민감하다. 둘째, 상과 벌이라는 개념은 상대적이기 때문에 직업, 연령, 성별, 나이 등을 고려한 사람의 성향에 따라 달라질 수 있다. 예를 들면, 위험을 무릅쓰고 모험을 하기 좋아하는 사람 또는 그런 직업을 가진 사람(투자자)에게는 칭찬이 상이 되고, 안전을 추구하고 현상을 유지하려는 성향을 가진 사람 또는 그런 직업을 사진 사람(수험생)에게는 꾸중이 벌이 된다.

또한 나의 성향에 따라 선생님, 상사, 동료, 가족 등으로부터 칭찬받을 행동을 할지 또는 꾸중을 피하는 행동을 할지가 결정되는데, 이는 몰입의 정도에 큰 영향을 미친다.

- ★ **뇌는 상보다 벌에 민감하지만, 벌의 의미는 사람마다 다를 수 있다.**
- ★ **모험이나 성취를 좋아하는 사람에게는 꾸중보다는 칭찬이 효과적.**
- ★ **안전과 현상 유지를 추구하는 사람에게는 칭찬보다는 꾸중이 효과적.**

4

몰입의 질을 높이고 싶다면 강점에 집중하라

뇌의 오류에는 일정한 규칙이 있다

심리학은 사람의 심리를 연구하는 학문이다. 상세하게 살펴보면 심리학은 일정한 흐름에 따라 그 연구 대상이 변화해 왔다. 본래는 인간의 결점, 즉 생각 오류를 연구하고 그 규칙을 찾았다. 특정 개인에게 나타나는 오류가 아니라 일반적인 사람들에게 해당하는 규칙적이고 보편적인 오류 찾기를 주된 과제로 했다. 이러한 경향은 심리학의 주된 관심 대상을 인간의 '약점'으로 집중되게 만들었다. 그 결과 심리학은 오랜 기간 인간의 결점과 같이 부정적이고 병리적인 부분을 주로 다뤘다. 사랑이나 감사, 긍정적 정서와 몰입, 삶의 의미와 성취 등이 아니라, 불안과 우울, 스트레스 등이 주된 주제가 된 것이다. 나아가 인간의 오퍼레이팅 시스템Operating System에 어떤 문제가 있는지를 파악하고 그 문제를 해결하는 데 많은 노력을 쏟았다.

강점이 몰입의 질을 결정한다

1990년대 들어서면서 심리학의 연구 대상이 바뀌기 시작했다. 더 이상 인간의 결점이나 부정적인 부분 등에 대한 연원淵源 연구가 아니라 행복과 만족감, 강점 등에 집중한 것이다. 그리고 이때의 심리학 연구에서 약점이 아닌 강점에 집중하는 것이 수행능력 향상에 긍정적인 영향을 미친다는 사실이 밝혀졌다. 이는 여러 통계와 연구로 입증되었다.

갤럽Gallup 조사에 따르면 직원이 자신의 약점에 집중해 이를 보완하고자 하면, 강점에 집중하는 경우에 비해 업무 의욕이 21퍼센트 하락했다고 한다. 개인이 아니라 조직 단위여도 마찬가지다. 강점에 집중하는 팀이 그렇지 않은 팀에 비해 생산성이 12.5퍼센트나 높았다. 또 리더가 팀원의 강점에 집중해 피드백하면 그 팀의 생산성이 8.9퍼센트 높았으며, 팀원들의 업무 실수

가 14.9퍼센트 감소했다.[6]

앞에서 부정의 부정은 긍정이 아니라는 이야기를 했다. 아무리 긍정적인 사람이거나 스스로에게 긍정의 언어를 쓰는 사람이라고 하더라도, 그 전제가 부정에 초점을 맞춘다면 긍정의 힘은 일정 부분 상쇄가 된다. 예를 들어 '실수를 만회하자'라는 생각보다는 '할 수 있다'라는 생각이 몰입의 질을 끌어올린다.

실제 강연이나 상담을 하다 보면 종종 책 읽는 속도가 느려 고민이라는 얘기를 듣는다. 이는 전형적으로 자신의 약점에 집중한 케이스인데, 이때 강점에 집중하기 위해서는 약점에 가려져 있는 자신의 강점을 먼저 발견하도록 해야 한다. 책 읽는 속도가 느린 이들은 글자를 한 자 한 자 꼼꼼하게 읽는 경우가 많은데, 이들은 읽는 속도가 느리다는 약점에 지나치게 집중해, 완독 후 비교적 머리에 남은 기억의 양이 많다는 사실을 깨닫지 못한다. 바로 그것이 강점인데 말이다. '나는 다른 사람보다 느리게 읽어. 하지만 괜찮아. 느리게 읽는 만큼 더 깊이 있게 이해하잖아. 다른 사람이 두세 번 볼 때, 나는 한 번 제대로 읽는 것으로 같은 결과를 거둘 수 있으니, 길게 보면 내가 더 효율적으로 수행하고 있구나.' 이런 사고가 바로 약점 아닌 강점에 집중하는 사고인 것이다. '나는 읽는 속도가 느리다(그러므로 불안하다)'라고 생각하는 사람과 '느리지만 제대로 읽을 수 있어(그러니까 괜찮아)'라고 생각하는 사람 중 누가 더 공부에 몰입할 수 있는지는 더 이상 말하지 않아도 알 것이다.

이처럼 약점과 강점은 보통 같은 특성을 뿌리로 하지만, 어떤 관점으로 보느냐에 따라 달라지는 일이 많다. 내가 가진 긍정의 돋보기로 어디를 바라볼 것인가가 수행과 몰입을 좌우한다는 점을 명심하자.

★ **약점이 아닌 강점에 집중하는 것이 몰입의 질을 높이는 데 도움을 준다.**

5 '이것'이 없으면 몰입하지 못한다

아무리 노력해도 돌아오는 것이 없다면

책의 서두에서 뇌의 보상 회로와 성취동기에 대해 설명했다. 모든 것이 외발적이고 수단적인 동기라면 동기부여에 문제가 생긴다. 그런데 그렇지 않은 경우라면 적절한 보상, 특히 현재 하는 일에 몰입함으로써 얻는 즐거움이 가장 큰 동기부여로 작용하여 몰입을 이어갈 수 있다.

그런데 아무리 몰입해도 돌아오는 게 없다면 어떤 결과가 발생할까? 앞서 완벽주의보다는 완료주의를 택할 것을 강조하기 위해 완벽이라는 말이 인간에게는 허용되지 않는다는 다소 과격한 표현을 사용하기도 했다. 이상적이기만 한 상태를 목표로 할 때는 반드시 심적인 부분에서 탈이 나기 마련이라는 점도 충분히 설명했다. 아무리 노력해도 보상이 돌아오지 않는 상태 역시 이와 같다. 완벽이라는 단어가 내게 좌절감을 주었던 이유는, 목표를 달성하는 데 어느 정도의 인지적 비용을 쏟아야 하는지 알 수 없었기 때문이다. 외부로부터의 보상이 존재하지 않는 경우도 마찬가지다. 책을 열심히 읽어 박학다식해졌다거나 시험공부를 많이 해서 시험에 합격할 수 있을 정도로 수준이 향상된 것처럼 큰 노력을 쏟아 그것을 바탕으로 스스로 설정한 목표를 달성한 경우, '내가 스스로 설정한 목표를 달성했다'는 것 외에는 외부로부터 아무런 보상이 주어지지 않는다.

조금 잔인한 말이지만, 이런 경우는 '자기만족'에 불과한 것이다. 수행에 대한 대가와 보상을 스스로 마련해야 하고, 그 과정에서의 노력을 오직 자신에게만 증명하고 인정받을 수 있는 경우에는 동기부여와 몰입이 생기기 어렵다. 목표는 그것을 달성함에 따라 주어지는 보상에 의해 더 선명하게 인식하고 체감할 수 있는 것인데, 앞선 경우는 외적인 보상이 주어지지 않아 인식과 체감이 어렵다. 이는 결국 목표가 뚜렷하지 않은 경우, 다시 말해 애초부터 너무 이상적인 목표를 설정해서 그에 다가가기 어려운 경우와 별반 차이가 없다.

몰입은 다른 사람에게 보여주는 것

순수하게 내가 무언가를 하는 그 자체가 좋고, 그 행동의 결과가 뭐가 되도 괜찮다는 사람도 있을 것이다. 그러나, 그조차도 다른 사람들이 만들어 놓은 구조나 세상 속에서 무언가를 달성하면서 자신의 노력과 행복의 크기를 가늠한다고 볼 수 있다.

로봇 프라모델을 수집하는 것이 취미인 사람이 있다고 하자. 그 사람은 자신이 수집한 것을 누구에게도 보여주지 않고 오로지 혼자서만 즐긴다. 그런데 이 경우조차 다른 사람들이 만든 로봇이라는 제품, 그것도 그 자체로 상당한 가치가 있거나 모두 수집하는 데 있어 많은 수고스러움이 있는 제품을 한곳으로 모아 관리한다는 것, 즉 자신의 행복과 즐거움이라는 가치를 다른 사람들이 만든 로봇 프라모델의 숫자와 상태 등으로 측정하는 것과 다름없다.

이렇게 본다면 '노력'은 내면에서의 즐거움을 추구할 때는 별다른 의미가 없고, 사회가 만들어 놓은 시스템이나 다른 사람들의 기준에 부합하려고 할 때 가치를 띈다고 할 수 있고, 그렇다면 노력은 다른 사람에게 보여주는 데 그 의미가 있다고 해도 지나친 말은 아니라고 생각된다.[7]

이런 내적 성취와 즐거움을 뛰어넘어 성취동기와 보상 회로를 자극하려면 어떻게 해야 할까? 노력의 가치를 증명할 수 있는 방향으로 목표를 설정하고 달성한다. 모의고사를 쳐서 어느 정도 점수를 받겠다든지, 특정 자격증을 따겠다든지, 자격증 급수를 올리겠다든지 하는 식으로 말이다.

특히 수험생들은 평가의 두려움 때문에 인강을 듣고, 책을 읽고, 기출문제를 보는 데는 크게 거부감이 없지만, 모의고사에 응시하는 것과 같이 노력을 측정하는 일은 다소 꺼려한다. 노력의 결과를 직면하고 실력 부족을 선언받는 것에 대한 부담이나 공포가 있을 수는 있지만, 그것은 수행과 몰입의 질을 높일 수 있는 좋은 기회다. 시험에 응하지 않은 것은 알을 깨고 나와 한 단계 성장할 수 있는 기회를 버리는 것과 같다.

★ **노력은 다른 사람에게 보여줌(외적 보상)으로써 완성되므로, 몰입 과정에서의 노력을 평가받을 수 있는 외부적 절차를 포함할 것.**

★ **외적 보상은 가능하면 어느 정도의 난이도가 있고, 공적인 기관·단체 등에서 수여하는 것이 좋다.**

6

성취감까지도 조절하라

오아시스 앞에서 가장 많이 죽는 이유

한참 높은 수준의 몰입을 이어가며 설정한 목표를 달성했다면, 다른 일로 넘어가거나 잠시 휴식을 취하며 다음 일을 위한 몰입 에너지를 비축한다. 잠시 휴식을 취한 뒤에 다시 일을 하려고 하면, 왠지 이전의 몰입이 끊어지는 느낌을 받은 적이 있을 것이다. 이렇게 느끼는 이유가 있다. '해방 효과Liberating Effect' 때문이다.[8] 해방 효과는 목표를 이루었다는 느낌을 받으면, 본래 설정한 목표를 이루기 위한 행동이 아니라 다른 행동을 하는 것을 말한다. 어렵게 표현했지만 무언가를 '다했다'라고 느끼면, 다시 그 일이 하기 싫어지는 것이다. 회사에서 큰 행사를 기획하여 끝낸 후 결과보고서를 써야 하는데 도무지 써지지 않는 경우라든지, 정해진 시간 동안 한 단원을 보고 나면 다음 단원을 볼 마음이 잘 생기지 않는 것이 전형적인 예이다.

나는 수험생활을 할 때는 해방 효과라는 용어를 몰랐지만, 해방 효과에 들어맞는 사례를 알고 있었기에 무언가를 끝냈다는 느낌이 들 때 긴장의 끈을 놓지 않으려 노력했다. 순수한 즐거움으로 어떤 일에 몰두할 때를 제외한다면, 대부분은 성취감을 어렵고 힘든 일로부터의 해방감과 동의어로 여길 것이다. 사막을 헤매는 사람 중 많은 사람들이 오아시스가 보이는 정도의 거리에서 죽음을 맞이한다고 한다. 덥고 건조한, 풀 한 포기 자라지 않는, 발이 모래 속으로 쑥쑥 빠져드는 험난한 사막을 헤쳐 온 사람의 목표는 목을 축이고 더위를 피할 수 있는 그늘을 찾는 것이다. 그런데 정작 그 목표에 부합하는 오아시스를 발견하는 순간, 그간의 험난한 여정에 대한 보상으로 성취감을 느끼는 동시에 해방감도 느끼며 더 이상 오아시스까지 걸어갈 힘을 내지 못하는 것이다.

해방 효과에서 벗어나 몰입하는 법

그렇다면 해방 효과에서 벗어나 다시금 몰입 상태로 들어가는 방법은 무엇일까? 스스로에게 아직 갈 길이 멀었다는 사실을 이미지를 통해서 명확하게 재인식시켜야 한다. 재인식시키는 두 가지 방법을 소개한다.

먼저 목표까지 도달하기 위해 필요한 행동의 정도를 수치로 표현한다. 국어 공부를 예로 들어보자.

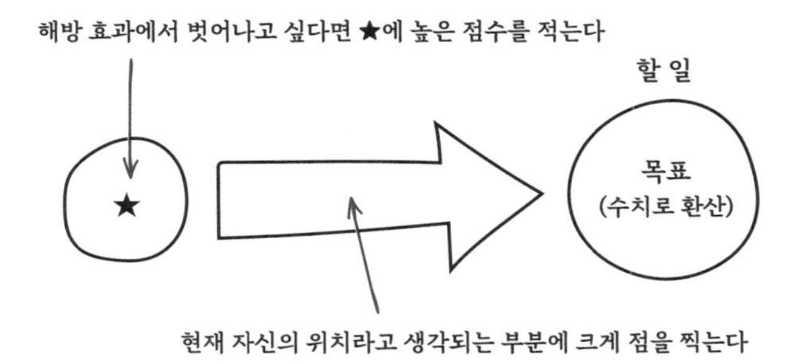

오른쪽 동그라미 부분에 할 일과 목표를 수치로 환산하여 적는다. 그리고 맨 왼쪽 동그라미 ★에는, 해방 효과에서 벗어나고 싶은 마음이 크다면 점수를 목표점수와 가까운 점수를 적고, 해방 효과에서 벗어나고픈 마음이 크지 않다면 목표점수에서 먼, 낮은 점수를 적는다. 이후에는 화살표 부분 안에 내 현재 수준이라고 생각되는 곳에 점을 찍는다.

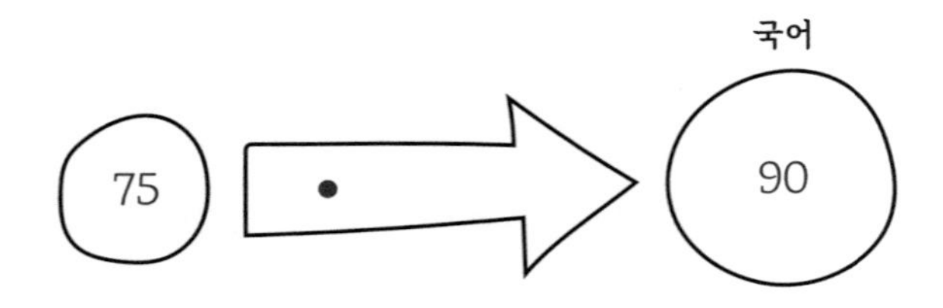

위의 예시에서는 ★에 75점을 적었다. 내 현재 상황이 77점 정도라고 한다면 75점에 가깝게 점이 찍힐 것이다. 아직 갈 길이 멀었다고 생각해 해방 효과의 영향을 적게 받는다.

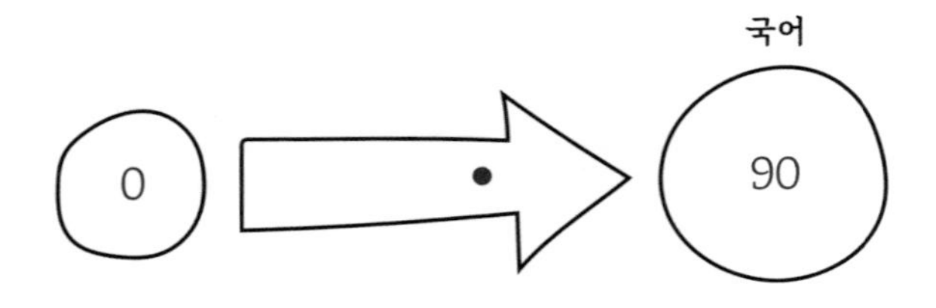

반면에 위의 예시에서는 ★부분에 0점을 적었다. 이 경우는 내 현재 상황이 77점이라고 하더라도 목표점수인 90점에 가깝게 찍힐 것이다. 이때는 앞의 예시보다 성취감과 해방감을 더 높게 느낀다.

다른 방식은 도형을 이용하는 것이다. 이는 해야 할 분량이 챕터와 같은 식으로 나누어질 때 써먹기 좋은 방법이다. 해야 할 것을 세부적으로 네 개의 부분으로 나눌 수가 있는데, 할 일을 끝내면 네모 칸에 빗금으로 표시를 하는 것이다.

이때 해방 효과를 적게 받고 싶다면 할 것을 세부적으로 나누지 말고 한 개로 표시한다. 할 일 중 일부를 하기는 했지만, 여전히 해야 할 일이 남았다는 인식을 스스로에게 주는 것이다. 이 경우는 아래와 같이 네모에 어떠한 색도 칠하지 않는다.

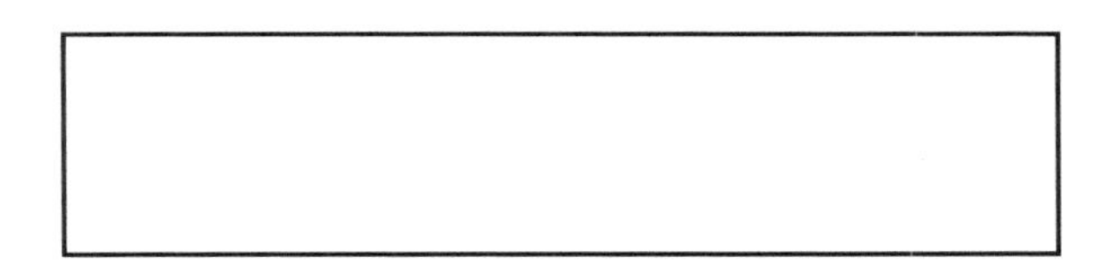

반면에 해방 효과를 많이 받고 싶다면, 네모를 나누어 네 개로 만든다. 그리고 그중 하나에 빗금을 칠한다.

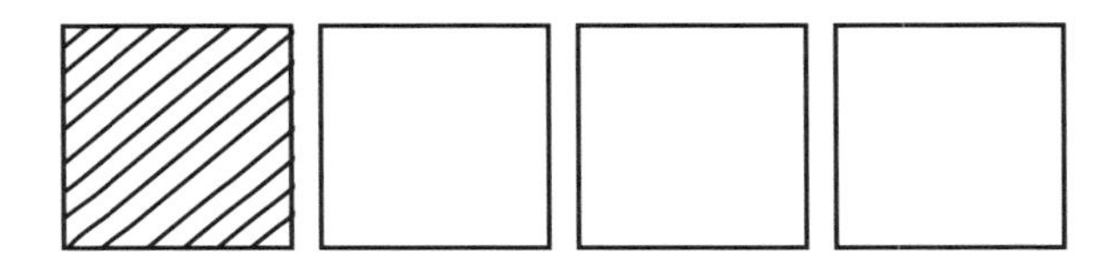

앞의 예에 비하여 전체 할 일 중 '4분의 1을 했구나'라는 사

실을 직관적으로 알 수 있어 성취감과 해방감을 앞의 경우에 비해 훨씬 더 크게 느낄 수 있다.

- ★ **성취감이 몰입을 끊기게 할 수 있으므로 주의할 것.**
- ★ **성취감을 느낄 순간에 '아직 할 일이 남았다'는 재인식 도구를 마련할 것.**
- ★ **최종 목표까지 필요한 노력을 시각화하여 스스로에게 각인시키면서 해방감을 컨트롤할 것.**

7 피드백 과정에서 주의해야 할 뇌의 오류들

돈 먹는 하마의 비행을 말릴 수 없었던 이유

1976년 최초로 취항한 초음속 민간 여객기가 있었다. 영국과 프랑스가 합작하여 만든 여객기로 이름은 '콩코드Concorde'였다. 일반 여객기의 속도가 시속 800㎞~1,000㎞ 정도인데, 50여 년 전에 만들어진 콩코드 여객기는 무려 마하2(시속 2,448㎞)의 속도로 순항했다. 일반 여객기보다 두세 배가 빠른 속도였다. 하지만 콩코드는 지나치게 연료값이 많이 들어 항공료를 높게 책정할 수밖에 없었고, 이용객의 숫자도 많지 않아 수익을 내기 어려운 구조였다. 그 결과 콩코드 여객기는 2003년 항공 시장에서 퇴출되었다.

그런데 개발진은 콩코드 여객기 개발 과정에서부터 이를 활용한 수익모델을 만들기 어렵다는 사실을 알고 있었다. 개발비가 천문학적으로 들어 수익을 내기 어렵다는 사실을 알면서도 개발 도중 방향을 전환하거나 개발을 멈추지는 못했다.

이미 사용하여 되찾을 수 없는 비용으로 인해 장래의 의사결정이 영향을 받는 것을 '매몰비용 효과Sunken Cost Effect'라고 한다. 땅에 묻어버려 되찾을 수 없는 돈 때문에 비합리적인 의사결정을 한다는 의미다.

목표를 향한 수행 과정에서도 매몰비용 효과의 사례가 다양하게 관찰된다. 수험생의 경우라면, 나와 전혀 맞지 않는 학원 커리큘럼인데 기본 강의를 수강했다는 이유로 나머지 커리큘럼도 그대로 따라가야 한다고 생각하거나, 좋은 공부법이 아님에도 지금까지 그 방식으로 정리해 온 것이 아까워서 바꾸지 않는다. 직장인을 예로 들어보자. 기획 단계에서부터 문제가 있는 프로젝트인데 지금까지 논의한 것이 아까워서 그대로 밀고 나가는 경우 등이 이에 해당한다.

그러나 인지적 비용은 무한하지 않고, 몰입을 위해 주어지는 시간도 한정적이다. 내게 주어진 시간이나 기회를 제대로 활용하지 못하고, 낭비가 발생한다면 제대로 된 일에 몰입하지 못한 것이다. 몰입 대상이 잘못되었다는 걸 알았다면, 즉각 과감하게 방향을 전환하는 것이 넓은 견지에서는 더 이상의 손실을 없애고, 종국적으로는 자신에게 이익을 가져다주는 결정이다.

멀리 해야 할 사람이 있다

목표를 향한 수행 과정에서 점검과 피드백은 필수다. 그러나 스스로하기 어려워 종종 다른 사람의 조언과 도움을 구하기도 한다. 내가 추구하는 목표와 관련된 전문지식을 가진 사람이거나 그렇지 않더라도 수행 과정에 관해 유의미한 관점과 조언을 제시해줄 수 있는 사람이라면 너무 좋겠는데, 그게 아니라 단지 물리적·심정적으로 가깝다는 이유로 비전문가로부터 피드백을 받는 경우가 굉장히 많다.

그들이 유의미한 피드백을 준다면 다행이지만, 일부는 "나는 어떤지 그건 좀 별로일 것 같더라.", "넌 몰랐어? 난 딱 보고 어려울 거라 생각했는데." 등 위로도, 조언도, 충고도 아닌 무의미한 말을 하기도 한다. 이런 말들은 수행과 몰입에 도움이 되지 않을 뿐더러 오히려 부정적인 영향을 주므로, 별 생각 없이 말하는 사람이라고 생각하고 무시하는 게 답이다. 어떤 경우라도 몰입에 필요한 정신 에너지를 보존하는 것이 바람직하다. 저런 화법을 구사하는 사람이 빠진 편향을 '사후판단 편향Hindsight Bias'이라고 하는데, 결과를 보고서 마치 이전부터 그렇게 될 것인 줄 알았던 것처럼 말하는 오류를 뜻한다.[9]

결과를 보고 생각을 바꾸는 인간의 습성

최근에 지도했던 수험생 중 한 명이 시험에 떨어졌다. 이 수험생은 내가 작년 한 해 동안 지도했던 모든 수험생 중 공부법에 대한 이해도도 가장 높고, 체력이 조금 부족하긴 했지만 합격할 수 있을 정도의 양을 공부했고, 수행 과정에도 큰 문제가 없었다. 이 수험생은 시험 직전에 도망친 지난해보다 훨씬 공부를 많이 한 상황이었다.

합격이라는 결과를 굉장히 높은 확률로 예상하고 있었던 터라 결과의 원인이 궁금했다. 시험장에서 떨었거나, 정말로 운이 없었거나 둘 중 하나의 원인이 작용했을 거라 생각했다. 그런데 의외의 답이 돌아왔다. 스스로 평가하기를 노력하지 않고, 공부법을 몰라서 떨어졌다는 것이다. 하지만 앞서 말했듯 이는 전혀 사실이 아니었다.

수행 과정을 스스로 피드백할 때, 당시에는 그렇게 생각하지 않았음에도 결과에 따라 과정을 끼워서 맞추곤 한다. 그리하여 본래의 생각과 달라진다(결과 편향Outcome Bias).[10] 몰입에 대해 피드백을 할 때는 반드시 몰입의 상황에서 내린 판단들 또는 당시 상황들에 대해 기록하는 습관을 가져야 한다. 그렇지 않으면 결과 편향에 따라 과정을 모두 원하는 대로 바꾸어 생각해 버리기 쉽다. 나는 수험생의 대답을 듣고 수험 기간에 쓴 수험일지를 다시 펼쳐보라고 했다. 그제야 자신이 시험에 떨어진 진짜 이유를 알게 되었다. 공부법을 몰랐거나 노력하지 않아서가 아니라, 시험장에서 너무 떨어서 시험을 망친 것이었다.

비난 대상을 정한 후 증거 수집하기

사람은 때로 결론을 정해놓고 그에 맞는 증거나 자료만을 수집하기도 한다(확증 편향Confirmation Bias).[11] 몰입했으나 원하던 결과를 얻지 못했을 때 침착하게 다음 기회를 기다리며 준비를 하는 사람이 있는 반면, 화나 슬픔, 괴로움을 주체하지 못하고 그 기분에 잡혀 먹히는 사람도 있다. 그런 부정적인 감정에 사로잡힌 사람들은 지난 과정의 몰입에 대한 평가를 '자신이 제대로 하지 않아서 그렇다'라고 결론을 내리고, 그에 부합하는 사실만을 떠올린다.

하지만 결과가 안 좋다고 해서 그 과정에서의 잘했던 점까지 부정적으로 평가하거나 무시해서는 안 된다. 한 번의 실패를 실패로만 받아들이는 사람과 미래를 위한 현실 재인식과 강점 발견의 기회로 받아들이는 사람은 앞으로의 몰입에서 굉장히 큰 차이를 보인다. 잘못한 점들은 피드백을 통해 확실히 고쳐야 하지만, 잘한 부분들은 칭찬받고 더 큰 장점으로 키워낼 수 있도록 노력해야 한다. 그리고 이를 위해 피드백을 하기 전에는 가급적 지금까지 있었던 일들을 종이에 써보는 것이 필요하다.

한편 많은 사람들이 가진 본능 중 하나로 '비난 본능The Blame Instict'이 있다.[12] 결과가 안 좋은 상황이라면 원인에 대해 피드백해야 하는데, 희생양을 찾아 비난하려는 본능이다. 수험생은 자기 자신이나 인강 강사를 비난 대상으로 삼는 경우가 많다. 비난 본능과 확증 편향이 합쳐져서 스스로를 희생양으로 삼고 그에 부합하는 사실들만을 수집하는 방향으로 피드백을 하면, 다시 몰입 상태로 들어가기 어려울 정도로 극심한 우울감과 무기력함을 겪을 수 있다.

'이것만 바꾸면 될 것 같은데'라는 위험한 생각

몰입에 실패했거나 몰입을 통해 이루고자 했던 목표가 좌절되었을 때는 그 원인부터 제대로 분석해야 한다. 이때는 '마인드스토밍Mind Storming'을 추천한다. 이 방법은 빈 종이에 결과에 영향을 미친 모든 것을 기록해 보는 것으로 시작한다. 나는 지도하던 학생이 시험에 떨어지면, 반드시 이 방식으로 지난 공부와 몰입을 되돌아보도록 지도하고 있다.

떨어진 이유는 무엇?

- 공부를 열심히 하지 않았다
- 가족들과 사이가 나빠 집중하지 못했다
- 공부 중에 계속 놀고 싶은 생각이 들었다
- 시험 직전에 마무리를 제대로 하지 못했다
- OO과목 기본 강의도 제대로 소화하지 못했다
- 실전 연습 부족
- 인강 강사가 나와 맞지 않았다
- 공부 장소 때문에 스트레스를 많이 받았다
- 체력이 좋지 않았다

유튜브나 카페, 인스타그램 등을 운영하다 보면, 때때로 '공부법을 그대로 따라 했는데, 왜 결과가 나오지 않느냐'라는 성토를 남기는 분들이 있다. 그분의 상황을 알고 지도한 것이 아니므로 시험에 떨어진 정확한 원인을 피드백하긴 어렵지만, 공부법 외에도 다양하고 복합적인 원인이 결과에 작용했을 수 있기 때문에, 그중 하나의 원인인 공부법만을 해결한다고 해서 결과가 바뀌지는 않는다. 이를 피하기 위해서는 무엇보다도 특정한 해결책 하나를 솔루션으로 정하기 전에, 반드시 또 다른 원인이 개입된 것은 아닌지를 확인하는 습관을 들여야 한다.

'정말 이게 결과에 영향을 준 게 맞을까'

결과에 영향을 미친 것으로 생각되는 요인들을 망라하고 종이에 기록했는가. 이제 결과에 영향을 미친 것들과 그렇지 않은 것들을 분류한다. 피드백과 개선의 대상은 결과에 영향을 미친 것으로 한정해야 한다. 그래야만 피드백 단계에서도 인지적 비용 소모 없이 그 과정 자체에 몰입할 수 있다. 그리고 문제 요인이 결과에 영향을 미쳤는지도 판단해야 한다. 이때는 '그 행동을 하지 않았더라도 같은 결과가 발생했을까?'라고 스스로에게 묻고 '그렇다'라고 대답한 것들을 하나씩 지워나간다.

주관식 시험을 치는 학생들을 지도하다 보면 이른바 '불의의 타격', 즉 예상치 못한 문제가 출제되어 시험을 망쳤다며 이를 보완할 수 있는 방법을 물어오는 일이 많다. 이 학생들을 살펴보니 대부분이 객관식은 지금까지 잘 풀어왔는데, 주관식 시험에 대한 경험이 없어서 기본 점수를 받을 수 없었던 것이다. 게다가 공부한 범위 외에서 문제가 출제되었다면 어떠한가? 정말 그 불의의 타격으로 인하여 시험에서 떨어진 것일까? 불의의 타격 문제를 틀려서 시험에 떨어지는 경우는 없다. 주관식 상대평가 시험에서 누구나 틀리는 문제를 나도 틀리는 것은 큰 문제가 되지 않는다. 진짜 문제는 나만 특정 문제가 출제될 것을 예상치 못한 경우다. 이는 애초에 기본적인 점수를 받을 정도의 실력조차 쌓지 못한 것이다. 그럼에도 앞 예시에 나온 수험생은 전혀 결과에 영향을 미치지 못한 요인을 개선의 대상으로 삼는 우를 범했다.

바꿀 수 없다면 재평가하라

결과에 영향을 미친 원인을 추려냈다면 이제 그 원인을 평가할 차례다. 달성하고자 하는 상위 목표를 이루기 위해서 수행과 몰입에 대한 평가는 반드시 필요하다. 아쉬운 결과를 만든 원인 중에서 바꿀 수 있는 것을 찾아 개선해야 한다.

그런데 바꿀 수 없는 원인은 어떻게 해야 할까? 최선을 다해 시험 준비를 했는데 안 좋은 결과가 나왔고 그 주된 이유 중 하나가 책상 앞에 앉으면 20분 이상 앉아 있지 못하는 거라면? 이런 경우에는 바꿀 수 없는 사실은 그대로 두고 그에 대한 평가만을 바꾸어야 한다. 바꿀 수 없는 사실에 에너지를 쏟는 것만큼 어리석고 낭비인 일이 없다. 인식의 전환이 변화의 기본 전제다. 문제를 바탕으로 개선점을 피드백할 때도 마찬가지다. 이 경우는 '나는 20분밖에 몰입하지 못하는 집중력이 부족한 사람이야'라는 생각이 아니라, '나는 20분 공부를 하고 5분씩 쉬어야 하는 사람이야. 하지만 그 덕분에 쉬는 시간 총합은 다른 사람보다 더 많아서 오히려 더 장시간 공부를 할 수 있어. 그리고 한 번에 보는 양이 적으니 오히려 그 부분들은 더 확실하게 기억하는 것 같아'라는 식으로 미처 생각하지 못했던 장점을 발굴하며 재평가를 하는 것이 개선 방향을 잡는 데 더욱 바람직하다.

실패의 규칙을 만들려는 노력

사람은 어떠한 결과를 받아들일 때 자신이 이해할 수 있는 방향으로 재해석하여 나름의 원인을 찾는다. 심지어 원인이 불명확한 경우에도 그렇다. 이처럼 어떠한 규칙성을 띠지 않은 것들이 나열되어 있음에도 그것들 사이에서 규칙성을 찾으려고 하는 것을 '클러스터 착각Clusttering Illusion'이라고 한다.[13]

피드백 단계에서 반복적으로 몰입 실패를 발견하는 일이 있다. 어떤 때는 노력이 부족해서, 어떤 때는 운이 없어서, 어떤 때는 복합적 원인이 작용했을 수 있다. 반복된 실패는 사람을 주눅들게 한다. 실패는 사람으로 하여금 무기력을 학습하게 한다. 그리고 점차 그 사람이 가지고 있는 긍정의 렌즈를 닫는다.

이런 과정에서 클러스터 착각 현상이 일어난다. 내가 지금껏 실패한 것들은 각자 독립된 원인으로 발생했다. 어떠한 규칙성도 없는데, '나는 애초부터 안 될 사람이야'라고 생각한다든지, 홀수년도에 시험을 치면 꼭 떨어진다고 생각한다든지, 과학적으로 개연성이 없는 것들을 묶어 더 힘을 내지 않아야 할 이유로 삼는다. 안 될 거라고 정해놓고 그 이유를 찾는다면 끝이 없다. 반면에 된다고 생각하고 이유를 찾으면 답은 간단하다. 바로 내가 통제할 수 있는 한도 내에서 최대한의 노력을 하는 것이다.

- ★ **투입한 비용과 시간이 아까워도 필요하다면 과감하게 방향을 전환할 것.**
- ★ **결과를 보고 과정을 끼워 맞추는 식의 피드백에 주의할 것.**
- ★ **섣부르게 실패 원인을 단정하지 말 것.**
- ★ **결과에 큰 영향을 미치지 못한 요소는 피드백 과정에서 제거할 것.**
- ★ **결과 요인 중 바꿀 수 있는 것에 초점을 맞출 것.**

종결

한 번은 인생을 걸고 몰입하라

내 인생에서 몰입이 갖는 가치

지금까지 여러 가지 몰입의 기술을 설명했다. 심리학부터 뇌과학, 통계학, 정보학, 철학까지 연결해 몰입을 설명하다 보니, 다소 어렵게 느껴졌을까 하는 우려가 든다. 몰입은 그만큼 풀어내기가 쉽지 않은 용어이고, 많은 설명이 필요한 내용이다. 하지만 몰입은 내 인생에 대한 몰두 그 자체를 말하기도 한다. 몰입은 언제나 수단일 수밖에 없다. 항상 그것을 통해 달성하고자 하는 상위목표가 있기 때문이다. 자격증이나 승진 시험을 준비하거나 순수한 즐거움으로 무언가에 몰두하거나 놀거나 즐기는 일 모두 몰입의 상위목표이자 존재 이유가 된다.

방법론을 다루는 책을 읽다 보면 쉬이 빠지게 되는 함정이 있다. 그 방법을 적용해서 쉽게 해결할 수 있거나 그 책에서 제시하는 방법까지만 생각이 미치는 것이다. 그 결과 내 몰입의 세상에 한계를 만든다. 이는 다른 사람의 사고와 생각이 내 세상에도 영향을 미친다는 의미다. 방법론 자체를 배우고 익히는 단계, 체화시키는 과정에서 의미가 없지는 않다. 하지만 일정 시점이 지난 이후부터는 부단히 의심하고, 비판하고, 검증하면서 정말로 내 세상에 적합한 것인지, 내가 '이윤규가 제시하는' 몰입의 껍질을 깨고 나올 수 있는지 등을 생각해 봐야 한다. 프랑스의 저명한 철학자인 자크 데리다Jacques Derrida가 말한 것처럼 나의 사고나 지위 등을 나도 모르게 줄서기 시키는 구조로부터 벗어나려는 지적인 의미의 '탈구축Deconstruction'이 필요하다.[14]

이렇게 보면 무언가에 몰입한다는 것은 내 삶의 가치를 재확인하는 것과 다름이 없다. 이 책을 읽으며 몰입의 방법론에 몰입하는 것도, 이후 내 인생의 진정한 높은 가치를 위해 이에 몰입하는 것도 모두 내 삶의 중요하고 소중한 순간에 몰입하기 위해서다.

진정한 몰입이 주는 선물

몰입의 아이콘이라고 할 수 있는 사람이 있다. 바로 몰입과 관련하여 세계적인 연구성과를 거둔 헝가리의 심리학자 미하이 칙센트미하이Mihaly Csikszentmihalyi이다. 칙센트미하이는 그의 저서 《몰입》에서 해야 할 일의 난이도와 실력이 모두 높은 상태에서 적정선을 이룰 때 비로소 몰입이 가능하다고 했다.

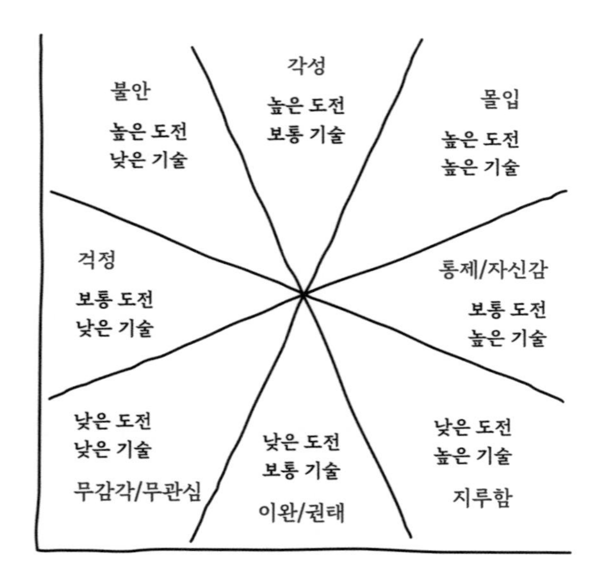

이 책에서 설명한 것과는 사뭇 다른 느낌일 것이다. 같은 용어라 하더라도 저자와 그 저자가 사용하는 맥락에 따라 의미가

달라질 수 있기 때문이다. 칙센트미하이가 말하는 몰입은 최대의 능력이 합쳐졌을 때 도달할 수 있는 상태, 즉 결과를 달성할 수 있는지 여부가 어느 정도의 불확실성에 걸려 도파민이 분비되는 상태로 좁게 이해하는 것이고, 나는 이 책에서 그 정도 수준까지는 이르지 못하더라도 폭넓게 그런 수준을 지향하고, 그런 수준으로의 변동 가능성이 있는 것들까지 넓게 몰입으로 지칭했다.

이 책을 잘 따라 읽어왔다면, 웬만한 수준의 것들은 효율적으로 몰입하고 성과를 낼 수 있게 되었을 것이다. 그렇다면 이제는 칙센트미하이가 말하는 최고 수준의 상태, 내가 무언가를 하고 있다는 인식조차 없는, 무언가에 몰두해서 나를 잊은 상태(이렇게 보면 칙센트미하이의 몰입은 고대 중국의 사상가인 장자莊子가 말한 물아일체物我一體의 경지와도 통하는 바가 있어 보인다), 내 최대 능력을 발휘해야만 얻을 수 있는 가치 있는 과제를 이루기 위해 전력으로 달려가는 그 모습이 바로 내 전부가 되는 그런 상태를 목표로 몰입해 보자.

일생에 한 번은 그런 최고도의 몰입을 경험해보길 바란다. 결과는 더 이상 중요하지 않다. 오직 중요한 것은 지금, 여기서 내가 내 생에 가장 가치 있는 일에 몰입하고 있다는 그 사실 자체다. 때론 결과가 안 좋을 수 있다. 하지만 원래 삶에서 일어나는 일 중에 내 뜻으로 어찌 할 수 있는 건 거의 없다. 진정한 몰입의 경지에 도달해 본 사람들이 공통으로 하는 말이 있다. 내가 최고도로 몰입을 하여 모든 인생을 쏟아부은 경험이야말로 정말로 가치 있고, 내 생에 있어 진정한 선물이다.

인생에 한 번은 내 모든 것, 내 생을 건 몰입을 경험해 보자. 단 한 번이면 충분하다. 그 한 번의 몰입 경험이 남은 삶을 도전과 성취의 삶으로 바꾸어 줄 것이라고 확신한다.

이제 '몰입', 그 고요함 속으로 당신을 초대한다.

주석

전제조건 의욕 춤추게 하기

1. 한스 로슬링, 《팩트풀니스》, 김영사, 2019
2. 알프레드 에이어, 《언어, 논리, 진리》, 나남, 2020
3. Martin E. P. Seligman, 《Helplessness》, W H Freeman&Co, 1992
4. 마이클 샌델, 《공정하다는 착각》, 와이즈베리, 2020
5. 에드워드 L. 대시, 《마음의 작동법》, 2011
6. 이를 '해석수준이론Construal Level Theory'이라고 한다. N. Liberman, Y Trope, "The role of feasibility and desirability considerations in near and distant future decisions: A test of temporal construal theory", *Journal of Personality and Social Psychology*, 75(1): 5 – 18, 1998.
7. 대니얼 카너먼, 《생각에 관한 생각》, 김영사, 2018
8. 송선희, 박용한, 어윤경, 임선아, 《교육심리학》, 신정, 2022
9. 김승현, 〈경험적 연구에서의 사회적 소망성 편향: 국가간 비교연구〉, 서울과학기술대학교, 2011

1단계 무의식을 유혹하는 계획 세우기

1. 이와 같은 단어 또는 개념을 언어학자인 페르디낭 드 소쉬르는 '시니피앙Signifiant' 이라고 했다. 페르디낭 드 소쉬르, 《일반언어학 강의》, 그린비, 2022
2. 이를 '직관적 사고intuitive thinking'라고 하는데, 쉽게 우리말로 바꾸면 '속단速斷'이

라고 할 수 있을 것이다. 대니얼 카너먼의 《생각에 관한 생각》에 따르면 직관적 사고가 성공적인 결과를 불러온 경우를 '휴리스틱Heuristic', '어림짐작', '클루지Kluge'라고 한다. 반면에 부정적 결과를 불러온 경우를 '인지 오류Cognitive Bias'라고 한다.
3. 장 보드리야르, 《소비의 사회》, 문예출판사, 1992
4. Donald D. Dutton, Kenneth Corvo, "Transforming a flawed policy: A call to revive psychology and science in domestic violence research and practice", *Aggression and Violent Behavior*, 11(5): 466, 2006
5. Marc Mangel, Francisco J, Samaniego, "Abraham Wald's Work on Aircraft Survivability", *Journal of the American Statistical Association. American Statistical Association*, 1984. 6
6. George Loewenstein, Ted O'Donoghue, Matthew Rabin, "Projection Bias in Predicting Future Utility"
7. 대니얼 카너먼, 《생각에 관한 생각》, 김영사, 2018
8. Larry R. Squire "Memory systems of the brain: a brief history and current perspective", *Neurobiology of Learning and Memory*, 2004
9. Robert Reiff, Martin Scheerer, 《Memory and Hypnotic Age Regression: Developmental Aspects of Cognitive Function Explored Through Hypnosis》, International Universities Press, 1959
10. Endel Tulving, "Episodic and semantic memory. In E. Tulving & W. Donaldson", *Organization of memory. Academic Press*, 1972
11. 하나의 학습효과가 다른 곳에도 영향을 미친다는 의미에서 '학습전이Transfer of Learning'라고도 하고 기존의 방식을 변형한다는 의미에서 '직관intuition'이라고도 한다. 송선희, 박용한, 어윤경, 임선아, 《교육심리학》, 신정, 2022
12. 송선희, 박용한, 어윤경, 임선아, 《교육심리학》, 신정, 2022
13. 이를 그래프로 표현한 것이 유명한 망각 곡선이다. Hermann Ebbinghaus, 《Memory: A Contribution to Experimental Psychology》, Martino Fine Books, 2011
14. 이를 과회상 효과Reminiscence Effect라고 한다. A. Jansari, A. J. Parkin, "Things that go bump in your life: Explaining the reminiscence bump in autobiographical memory", *Psychology and Aging*, 11(1): 85–91, 1990
15. 본래 말의 맥락과는 조금 다르지만 철학자 비트겐슈타인은 '내 언어의 한계가 내 세계의 한계다.'는 말을 한 적이 있다. 루트비히 비트겐슈타인, 《논리-철학 논고》, 책세상, 2020

16. C. K. Hsee, J. Zhang, "Distinction Bias: Misprediction and Mischoice Due to Joint Evaluation", *Journal of Personality and Social Psychology*, 86(5): 680–695, 2004
17. C. K. Hsee, J. Zhang, "Distinction Bias: Misprediction and Mischoice Due to Joint Evaluation", *Journal of Personality and Social Psychology*, 86(5): 680–695, 2004
18. Barry Schwartz, 《The paradox of choice: Why more is less》, Ecco, 2016
19. I. Simonson, "Choice based on reasons: The case of attraction and compromise effects", *Journal of Consumer Research*, 16(2): 158–174, 1989
20. E. Tory Higgins, "Promotion and Prevention: Regulatory Focus as A Motivational Principle", *Advances in experimental social psychology*, 1998
21. J. Huber, C. Puto, "Market boundaries and product choice: Illustrating attraction and substitution effects", *Journal of Consumer Research*, 10(1): 31–44, 1983
22. Richard Thaler, "Mental Accounting and Consumer Choice", Marketing Science, 4(3): 199-214, 1985
23. 대니얼 카너먼, 《생각에 관한 생각》, 김영사, 2018
24. Ivar Krumpal, "Determinants of social desirability bias in sensitive surveys: a literature review", *Quality & Quantity: International Journal of Methodology*, 2013
25. 경영학에서는 이성과 논리에 따른 계획을 '의도된 전략Planned Strategy'이라 부르고 감성과 직관에 따른 즉흥적인 계획을 '창발전 전략Emergent Strategy'이라 부른다. 클레이튼 크리스텐슨, 《파괴적 혁신 4.0》, 세종서적, 2018
26. 인류학자 클로드 레비스트로스Claude Lévi-Strauss는 이를 '브리콜라주Bricolage'라고 불렀다. 클로드 레비스트로스, 《야생의 사고》, 한길사, 1996

2단계 충동과 불안, 방해 요소 컨트롤하기

1. 《이기적 유전자》의 저자 리처드 도킨스Richard Dawkins이 인간만이 유전자라는 본능의 명령에 거스를 수 있는 지적 능력을 갖추었다고 말했다.
2. N. Bottan, R. Perez Truglia, "Deconstructing the hedonic treadmill: Is happiness autoregressive?", *The Journal of Socio-Economics*, 40(3): 224-236, 2011
3. S. J. Hoch, G. F. Loewenstein, "Time-inconsistent preferences and consumer self-control", *Journal of Consumer Research*, 17(4): 492–507, 1991

4. S. J. Hoch, G. F. Loewenstein, "Time-inconsistent preferences and consumer self-control", *Journal of Consumer Research*, 17(4): 492-507, 1991
5. S. J. Hoch, G. F. Loewenstein, "Time-inconsistent preferences and consumer self-control", *Journal of Consumer Research*, 17(4): 492-507, 1991
6. S. J. Hoch, G. F. Loewenstein, "Time-inconsistent preferences and consumer self-control", *Journal of Consumer Research*, 17(4): 492-507, 1991
7. S. J. Hoch, G. F. Loewenstein, "Time-inconsistent preferences and consumer self-control", *Journal of Consumer Research*, 17(4): 492-507, 1991
8. S. J. Hoch, G. F. Loewenstein, "Time-inconsistent preferences and consumer self-control", *Journal of Consumer Research*, 17(4): 492-507, 1991
9. S. J. Hoch, G. F. Loewenstein, "Time-inconsistent preferences and consumer self-control", *Journal of Consumer Research*, 17(4): 492-507, 1991
10. 강경두, 정혜연, 하은주, 한덕현, "폐쇄기술 스포츠의 인지불안과 수행력의 관계: 메타분석", 정신신체의학, 19-26, 2017
11. 鈴木祐.《超ストレス解消法》, 鉄人社, 2018
12. 김병준,《강심장 트레이닝》, 중앙북스, 2014
13. Albert Bandura,《Social Cognitive Theory》, Wiley, 2023
14. 대니얼 카너먼,《생각에 관한 생각》, 김영사, 2018
15. J. Kabat-Zinn, "Mindfulness-based stress reduction (MBSR)", *Constructivism in the Human Sciences*, 8(2): 73-107, 2003
16. Britta K. Hölzel, Sara W. Lazara, "Mindfulness practice leads to increases in regional brain gray matter density", *Psychiatry Research: Neuroimaging*, 191(1): 23-43, 2011
17. Melis Yilmaz Balban, Eric Neri, Manuela M. Kogon, Lara Weed, Bita Nouriani, Booil Jo, Gary Holl, Jamie M. Zeitzer, David Spiegel, Andrew D. Huberman, "Brief structured respiration practices enhance mood and reduce physiological arousal", *Cell Reports Medicine*, 4(1), 2023
18. 김병준,《강심장 트레이닝》, 중앙북스, 2014
19. M. Racsmány, Á. Szőllősi, (2022). "Memory skill: The proceduralization of declarative memory through retrieval practice", *A Life in Cognition: Studies in Cognitive Science in Honor of Csaba Pléh(Springer)*, 351-367, 2021
20. 한스 로슬링,《팩트풀니스》, 김영사, 2019
21. 어떤 일이 일어나지 않을 확률이 100퍼센트일 때는 안심하지만 99퍼센트일 때는

불안을 느끼는 것을 '확실성 효과Certainty Effect', 어떤 일의 영향력을 판단할 때 현재보다 미래를 더 크고 강하게 느끼는 것을 '영향력 편향Impact Bias'이라고 한다. 대니얼 카너먼, 《생각에 관한 생각》, 김영사, 2018
22. 유진, 박성제, "불안이 테니스 수행에 미치는 효과: 다차원적 불안이론과 카타스트로피 모델 검증", 한국체육학회, 38(4): 260-270, 1999
23. RM Yerkes, JD Dodson, "The relation of strength of stimulus to rapidity of habit-formation", *Journal of Comparative Neurology and Psychology* 18(5): 459-482, 1908
24. 알프레드 아들러, 《아들러의 인간이해》, 을유문화사, 2016
25. E. J. Langer, "The illusion of control", *Journal of Personality and Social Psychology*, 32(2): 311-328, 1975

3단계 최적화를 통해 뇌 독점하기

1. 대니얼 카너먼, 《생각에 관한 생각》, 김영사, 2018
2. JA Bargh, M. Chen, L. Burrows, "Automaticity of social behavior: direct effects of trait construct and stereotype-activation on action", *J Pers Soc Psychol*, 71(2): 230-44, 1996
3. 마틴 셀리그만, 《낙관성 학습》, 물푸레, 2012
4. 봉미미, 정윤경, 이선경, 이지수, "수행목표 재개념화에 의한 5요인 성취목표 척도 개발", 교육심리연구, 30(1): 61-84, 2016
5. 게다가 지금의 소비 트렌드는 프랑스의 사회학자이자 철학자인 장 보드리야르Jean Baudrillard가 그의 저작 '소비의 사회La Societe de consommation'에서 설명한 소비의 세 가지 편익 중 '정서적 편익Benefices Emotionnels'을 위한 소비, 즉 그 제품의 기능보다는 제품에 대하여 쏟는 나의 감정이나 정서를 만족시키기 위해 소비를 하는 풍토로 생각된다. 장 보드리야르, 《소비의 사회》, 문예출판사, 1992
6. 이외에도 책에는 다른 법칙이 있지만 통상 '파킨슨 법칙'이라고 하면 이 내용을 지칭하는 것으로 받아들여지고 있다. 시릴 노스코트 파킨슨, 《파킨슨의 법칙》, 21세기북스, 2010
7. Amos Tversky and Eldar Shafir, "Choice under Conflict: The Dynamics of Deferred Decision", *Psychological Science*, 3(6): 358-361, 1992
8. 송선희, 박용한, 어윤경, 임선아, 《교육심리학》, 신정, 2022
9. B. F. 스키너, 《스키너의 행동심리학》, 교양인, 2017

10. David Dunning, "The Dunning-Kruger Effect: On Being Ignorant of One's Own Ignorance", *Advances in Experimental Social Psychology*, 44: 247-296, 2011
11. 안희경 등, "Memory markers: How consumers recall the duration of experiences", *Journal of Consumer Psychology*, 19(3): 508-516, 2009
12. A. B. Geier, P. Rozin, G. Doros, "Unit bias: A new heuristic that helps explain the effect of portion size on food intake", *Psychological Science*, 17(6): 521-525, 2006
13. N. Cowan, "The magical number 4 in short-term memory: A reconsideration of mental storage capacity", *Behavioral and Brain Sciences*, 24(1): 87-114, 2001
14. Armin Falk, Andrea Ichino, "Clean Evidence on Peer Effects", *Journal of Labor Economics, 24(1): 39-57, 2006*
15. 하나는 우리 집단은 완벽하다는 착각에 빠지는 '무취약성의 환상Illusion of Invulnerability'이 주는 위험이고, 다른 하나는 집단적인 사고가 형성된 이후로는 개인의 의견이 무시되고 점차로 단일화되는 현상인 '메아리방 효과Echo Chamber Effect'가 주는 위험이다. Irving L. Janis, 《Groupthink》, Cengage Learning, 1982
16. R, McCarney, J. Warner, S. Iliffe, R. van Haselen, M. Griffin, P. Fisher, "The Hawthorne Effect: a randomised, controlled trial", *BMC Med Res Methodol*, 2007
17. 리처드 탈러, 《넛지》, 리더스북, 2009
18. 대니얼 카너먼, 《생각에 관한 생각》, 김영사, 2018
19. J. W. Payne, 《The adaptive decision maker》, Cambridge University Press, 1993

유지·관리 피드백을 통해 몰입 관리하기

1. 메타인지는 미국의 아동발달 심리학자인 존 플래벌John Flavell이 처음으로 사용한 용어다. J. H. Flavell, "First Discussant's Comments: What is memory development the development of?", *Human Development*, 14(4): 272-278, 1971
2. 본래 'Meta-'라는 조어법은 프랑스의 문예비평가이자 철학자인 롤랑 바르트Roland Barthes가 '메타언어Meta-Langage'를 통해 처음으로 사용하였다. Roland Barthes, 《Mythologies》, Hill and Wang, 2013
3. 이를 두고 P&E 법칙이라고 한다는 점은 이미 앞서 설명했다. 대니얼 카너먼, 《생각에 관한 생각》, 김영사, 2018
4. D. E. Kanouse, L. Hanson, 《Negativity in evaluations》, 1972 / E. E. Jones, 《Attribution: Perceiving the causes of behavior》, General Learning Press, 1974

5. J. Förster, H. Grant, L. C. Idson, E. T. Higgins, "Success/failure feedback, expectancies, and approach/avoidance motivation: How regulatory focus moderates classic relations", *Journal of Experimental Social Psychology*, 37(3): 253–260, 2011
6. Jim Asplund, Nikki Blacksmith, "The Secret of Higher Performance - How integrating employee engagement and strengths boosts both", gallup.com
7. 이와 관련하여 이미 독일의 철학자인 프리드리히 니체Friedrich Nietzsche는 《도덕의 계보》에서 타인에 대한 시기, 질투, 원망, 욕심 등(니체는 이를 '르상티망Ressentiment' 이라고 불렀다)을 극복하기 위한 방편으로 그 욕심 등에 종속되거나 그것을 뛰어넘는 방법 두 가지가 있다고 했다. 프리드리히 니체, 《도덕의 계보》, 아카넷, 2021
8. Ayelet Fishbach, Ravi Dhar, "Goals as Excuses or Guides: The Liberating Effect of Perceived Goal Progress on Choice", *Journal of Consumer Research*, 32(3): 370-377, 2005
9. 대니얼 카너먼, 《생각에 관한 생각》, 김영사, 2018
10. Francesca Gino, Don A. Moore, Max H. Bazerman, "No Harm, No Foul: The Outcome Bias in Ethical Judgments", Harvard Business School Working Papers, 2009
11. 대니얼 카너먼, 《생각에 관한 생각》, 김영사, 2018
12. 한스 로슬링, 《팩트풀니스》, 김영사, 2019
13. Thomas Gilovich, 《How we know what isn't so: The fallibility of human reason in everyday life》, Free Press, 1993
14. 자크 데리다, 《그라마톨로지》, 민음사, 2010

몰입의 기술

초판 1쇄 발행 · 2024년 3월 19일
초판 4쇄 발행 · 2024년 5월 17일

지은이 · 이윤규
발행인 · 이종원
발행처 · (주) 도서출판 길벗
브랜드 · 더퀘스트
주소 · 서울시 마포구 월드컵로 10길 56 (서교동)
대표전화 · 02) 332-0931 | **팩스** · 02) 322-0586
출판사 등록일 · 1990년 12월 24일
홈페이지 · www.gilbut.co.kr | **이메일** · gilbut@gilbut.co.kr

기획 및 편집 · 송은경(eun3850@gilbut.co.kr), 유예진, 오수영 | **제작** · 이준호, 손일순, 이진혁, 김우식
마케팅 · 정경원, 김진영, 김선영, 최명주, 이지현, 류효정 | **유통혁신팀** · 한준희
영업관리 · 김명자 | **독자지원** · 윤정아

디자인 · studio forb | **교정교열** · 김소영 | **CTP 출력 및 인쇄** · 금강인쇄 | **제본** · 경운제책

- 더퀘스트는 ㈜도서출판 길벗의 인문교양·비즈니스 단행본 브랜드입니다.

- 잘못 만든 책은 구입한 서점에서 바꿔 드립니다.

ISBN 979-11-407-0877-2 (03320)
(길벗 도서번호 090259)

정가 18,800원